ぼくの村は壁で囲まれた

パレスチナに生きる子どもたち

高橋真樹［著］

Stories of Palestinians Surrounded by the Separation Wall

現代書館

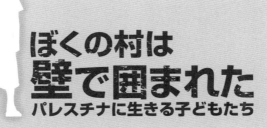

はじめに――パレスチナ問題から世界が見える

「宗教や民族が関わる紛争だから、日本人には理解できない」。日本でパレスチナとイスラエルについての話は、よくこんなイメージでとらえられています。でも実際に起きていることは、そうしたイメージとは違っています。

急病にかかって救急車で運ばれたのに、武装した人に道をふさがれて治療を受けられない。家で家族とくつろいでいるときに、突然ブルドーザーが突っ込んで家を壊される。理由も分からず逮捕されて何日も勾留されているのに、家族には何が起きているかはいっさい知らされない……。

もしも日本でそんなことが起きたら大事件です。ところがパレスチナでは、このようなことが毎日のように起きています。むしろ、そういったことを経験していないパレスチナ人はほとんどいません。何より大事なのは、そのようなことが起きている原因には、「宗教や民族」は関係ないということです。

日本でパレスチナ問題は、「聖地をめぐる宗教戦争」や「憎悪の連鎖が問題」と説明されることがありますが、多くの場合それは誤解に基づいています。また一般的に日本のメディアでは、「パレスチナとイスラエルの紛争」として、パレスチナ側とイスラエル側の主張を半分ずつ紹介するのが「中立」な報道だとする考えがあります。でも、現実に起きていることを踏まえると、そのような伝え方が「公正」と言えるのか疑問です。この紛争は、「パレスチナ対イスラエル」という単純な構図で語れる問題ではないからです。

ぼくは、長年パレスチナ問題に関わってきた人間の一人として、その誤解を解きたいと考えてきました。それがこの本を書いた理由のひとつです。

日々のニュースを見ているだけでは、何が原因でこのようなことが起きているかを理解するのは困難です。なぜなら、皆さんがテレビなどでパレスチナのニュースを目にするのは、たいていパレスチナ人の自爆や、イスラエル軍による空爆などで、多くの命が奪われているようなときだからです。パレスチナ問題を理解するためには、そうした衝撃的な事件ばかりではなく、現地の人々の日常に目を向ける必要があります。この本では、パレスチナで生きる子どもたちの日常を通して、今何が起きているのか、なぜこんなことになってしまったのかについて伝えています。

世界の多くの問題にもつながっているパレスチナ問題とは、いったいどのようなものなのでしょうか? イスラエルとはどんな国なのか? そして、ふるさとを奪われて生きる難民の思いとは?… この本を通じて、パレスチナの現実に目を向け、子どもたち一人ひとりの暮らしを身近に感じてもらえればと思います。

※本書の登場人物の年齢は、現地取材を行った2015年末時点のもの

ガザ地区に暮らす230万のパレスチナ人は、いまかつてない危機にあります。2023年10月7日、ガザを支配するハマスの戦闘員がイスラエル南部に乗り込み、兵士や民間人約1200名を殺害、また約240名の人質を連行しました。イスラエル政府はこれを「第二のホロコースト」ととらえ、ガザの民間人の上に爆弾を落とし続けています。ガザではすでに3万5000人を超える犠牲者が出ていますが、その七割以上は女性と子どもです。残された人々は水も食料も避難場所も与えられず、人口の半数以上が深刻な飢餓状態に置かれています。

ハマスによる民間人の殺害や誘拐は許されるものではありません。しかし、パレスチナの抵抗運動を生み過激化させてきた理由は、イスラエルの過酷な占領政策に他なりません。また、その理不尽な人権侵害を見て見ぬふりをして止めなかった国際社会にも責任があります。本書をお読みいただければお分かりになるように、この問題は国際社会が作り出したものです。これ以上の犠牲が増えないよう、アメリカを始めとする国際社会はあらゆる手段を尽くす責務があります。（2024年6月11日　4刷増刷時に追記）

もくじ

地図2　中東諸国

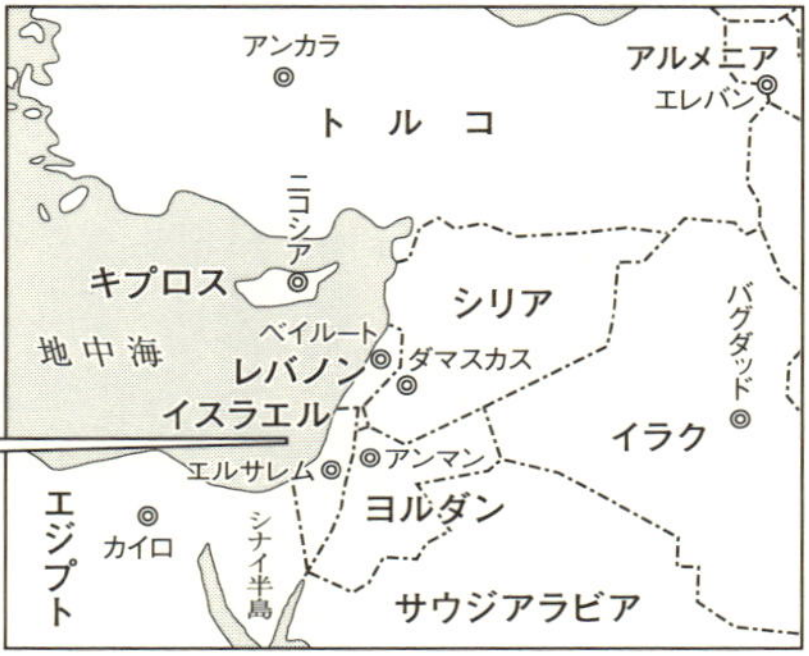

地図3　エルサレム周辺図

地図1　イスラエル＆パレスチナ

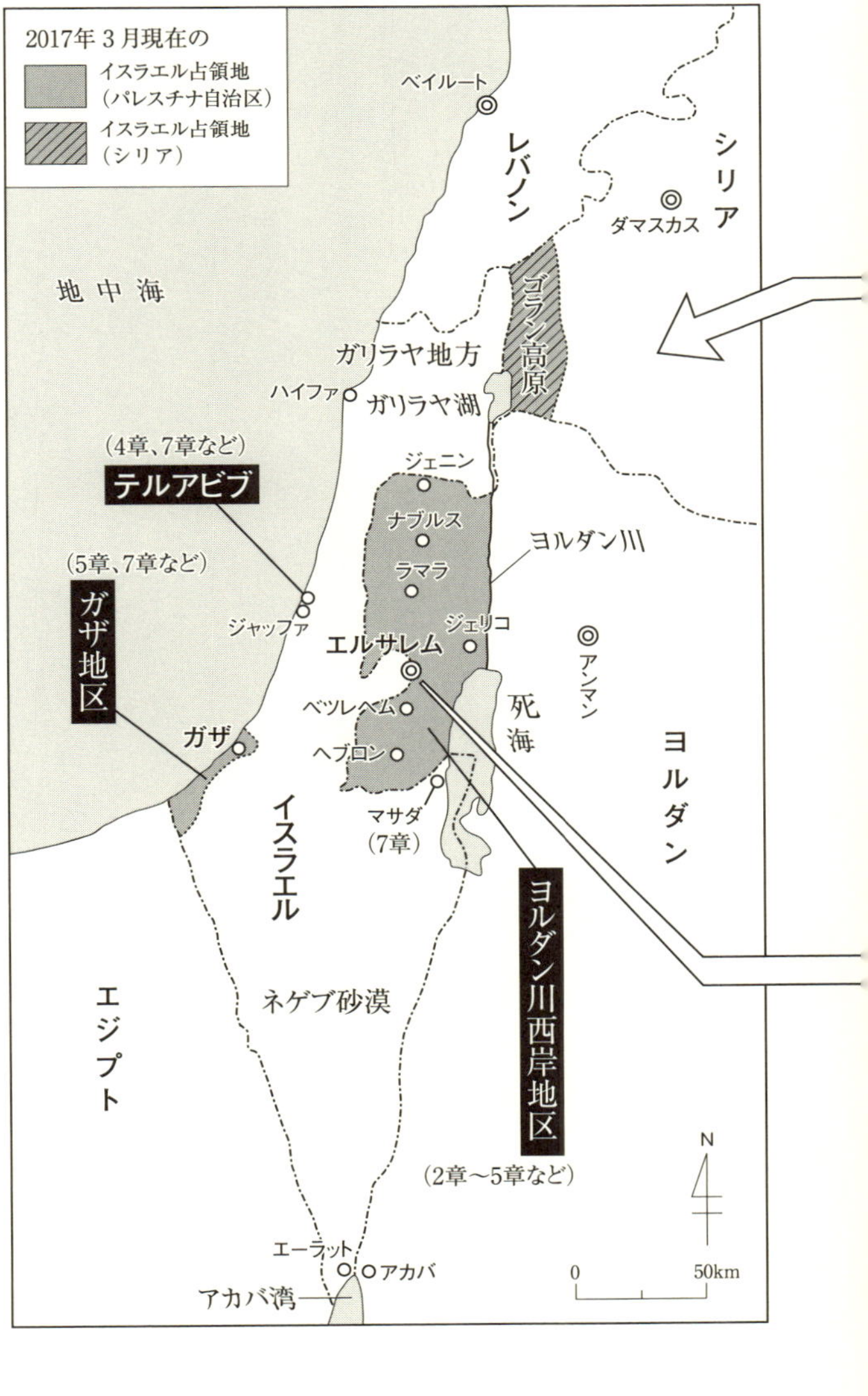

1

壁と入植地に囲まれたぼくの村

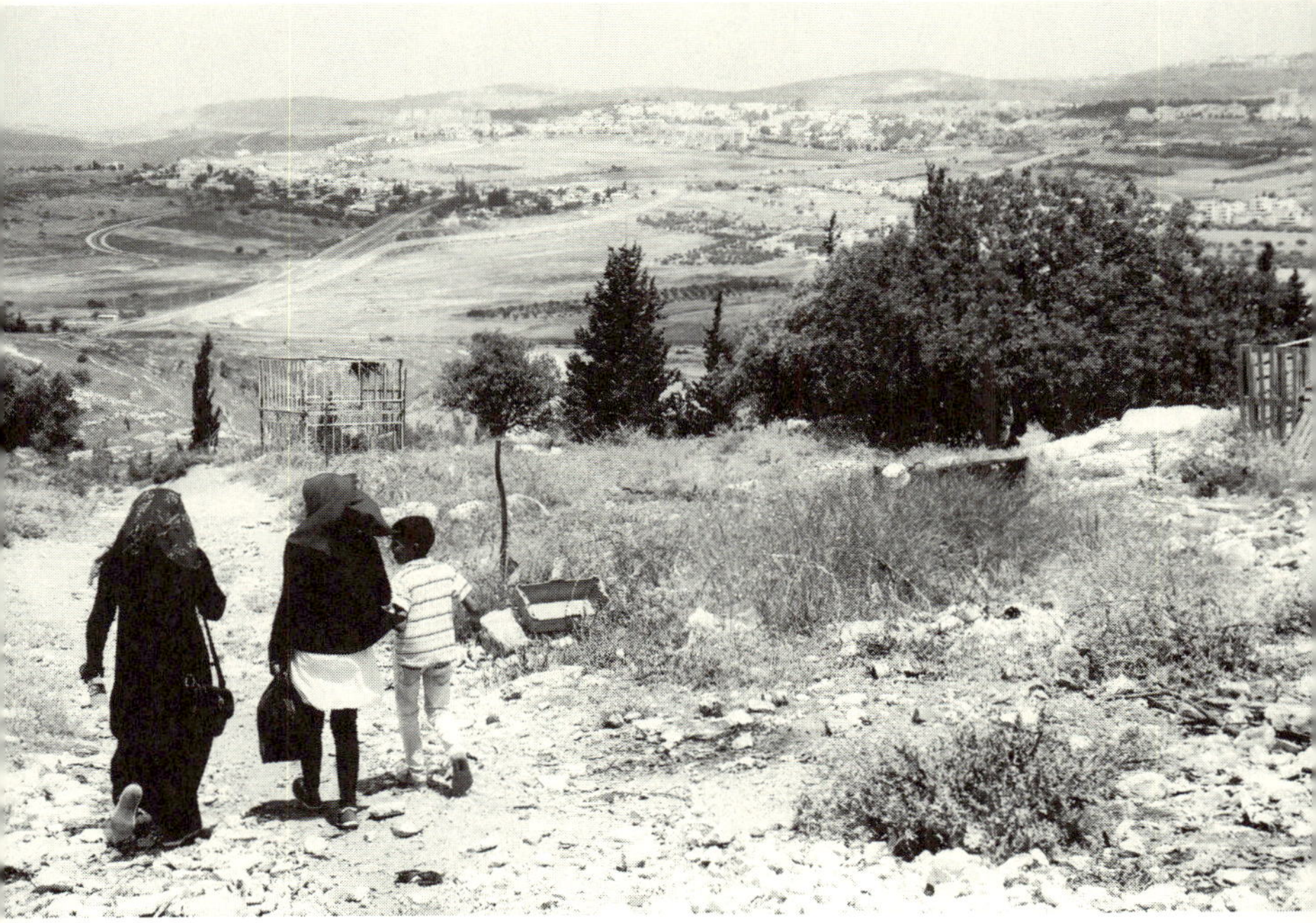

壁や鉄条網に囲まれたナビ・サミュエル村では、唯一の出入り口を徒歩で
行き来しなければならない。丘を下りてジブ村に買い出しに行く親子

監獄の村

「将来は医者になって、村の人たちを助けたいんだ」。はにかみながら語るのは、パレスチナ人の少年、イーサ・バラカット（11歳）です。イーサは「ナビ・サミュエル」という、人口290人の小さな村に暮らしています。村は小高い丘の上に建ち、「エルサレム旧市街」という三大宗教の聖地として知られる世界遺産の町から、車で30分ほどの距離にあります。村にいる60人の子どもたちは、みんな家族のように仲良し。イーサは「この中でぼくが一番勉強ができるんだよ！」と自慢げです。

村の子どもたちに将来なりたい職業を聞くと、多くの子が医者や学校の先生をあげました。パレスチナでは、医者や先生、法律家は人気の職業です。「そんなに先生ばかりが増えてもいいの？」という質問に、小学5年生の女の子は「教育は大事だから、先生はいくら多くてもいいの」と答えます。村の子どもたちが楽しみにしている遊びは、夜中にみんなでかくれんぼをすることです。元気な子どもたちが村中を走り回る姿は、どこにでもある田舎の風景と変わりません。

でも、村には重大な問題があるとイーサが言います。「ぼくたちは兵士の許可なしには、どこにも行けないんだ」。この村は鉄条網で囲まれ、村から出入りする際には、2カ所のゲートのどちらかを通らなくてはいけません。そのうち車が出入りできるゲートには監視塔が立ち、村人の出入りは24時間体制でイスラエル軍の兵士に監視されています。許可を取らずに通ったら逮捕されます。

もうひとつの出入り口からは、隣にあるジブ村という少し大きな集落に行くことができますが、車を使える道がなく、40分も歩いて丘を下る必要があります。ナビ・サミュエル村には商店がなく、食材や日用品などはすべてジブ村で調達していますが、丘の上り下りに村人は毎日苦労をしています。

ナビ・サミュエル村の少年、イーサ・バラカット（11歳）

村の土地のおよそ80％は、2000年を境にイスラエル軍に強制的に取り上げられ、そのエリアにあった家や畑は取り壊されました。その土地への立ち入りは禁止され、子どもたちが遊んでいても兵士に追い払われます。イーサは言います。「この村には何の自由もない。まるで牢屋に入れられているようで、すごく息苦しいんだ」。

逮捕されたお父さん

学校に行くのも大変です。村には、非営利団体（NPO）が運営する小さな学校が一つあります。しかしイスラエル軍の指示により、限られた面積の土地しか使えず、学校のサイズが小さいために生徒は9人しか受け入れることができません。イーサを含めた残り51人の子どもたちは、バスで30分かけて他の村にある学校に通っています。子どもは50人以上いるのに、バスは20人乗りなのでいつもすし詰め状態、子ども同士がけんかになることもあります。

村人の出入りは、監視塔から24時間監視されている

バスで学校に行くときには、イスラエル軍があちこちに設置した検問所（チェックポイント）を必ず

通ります。検問所では、兵士が待っていて「テロリストなどの怪しいパレスチナ人」が紛れ込んでいないかを調べています。子どもを乗せたバスが検問所を通る際、銃で武装したイスラエル兵がバスに乗り込んできて、子どもたち一人ひとりのＩＤカード（身分証明証）をチェックします。イーサたちは毎日、通学のたびにそんな怖い思いをしています。

ナビ・サミュエル村にある唯一の小学校。拡張する許可が下りないため、多くの子どもたちは村の外に通わなければならない

村の大人たちは、子どもたちよりもさらに移動が制限されています。ナビ・サミュエルを含めた近隣の村には仕事が少なく、村の男性の多くは生きるために危険を冒して鉄条網を乗り越え、地域の外で収入を得ています。しかし外で働く許可証は持っていないため、発見された場合は逮捕され、投獄されます。

イーサのお父さんは三度も投獄され、最も長かったときには、4年間も村に戻ることができませんでした。現在、お父さんは村の傍でコーヒーを売る仕事をしていますが、家族4人を養うための十分な収入が得られていません。

ナビ・サミュエル村では家が不足し、石造りの家の手前にプレハブ小屋を建てて何とか生活空間をつくっている

この村で暮らしたいのに……

村には診療所がなく、急病やケガなど緊急事態のときは特に大変です。他の村に治療に行く必要があるときでも、たいていの場合は検問所で兵士に止められます。イーサのお父さんが頭にケガをしたときは、3時間以上止められました。処置が遅れたため、今でも記憶がなくなってしまうことがあります。イーサの妹が筋肉に痙攣を起こしたときも検問所で待たされ、後遺症が残ってしまいました。村のすべての家庭は、このような経験をしています。イーサが「将来は医者になりたい」と思うようになったのは、この

ような背景があるからです。

　また、この村では自分の土地であっても、家の新築や改築が禁じられています。家族が増えても建て増しができず、仕方なく家の隣に仮設のプレハブを建てて住んでいる家庭が増えています。現在の村の人口は290人ですが、家は15軒しかありません。平均すると小さな平屋建ての家に、1軒につき20人ほどが暮らしていることになります。没収された80％の土地にあった家が取り壊されたため、このような過密状態になっているのです。

2015年6月に破壊されたパレスチナ人の新築家屋（ヘブロン周辺のイドナ村にて）

　もし規則を無視して家を建てると、イスラエル軍がブルドーザーでやってきて家を破壊し、そのうえ破壊にかかった費用まで請求されます。理不尽なことですが、イスラエル政府はパレスチナ人が住むエリアの土地を扱う法律（軍令）で、パレスチナ人が許可無く家を建てたり改築してはならないと決めているため、逆らえません。[*] また、申請しても許

＊　イスラエルが1967年に「占領」を始めてから実施した家屋破壊の軒数は、48,488軒（2015年12月1日現在）にのぼる（イスラエルのNGO「家屋破壊に反対するイスラエル委員会（ICAHD）」の調査より）。

パレスチナ人の家屋破壊などに使用されるイスラエルの軍用ブルドーザーD9（キャタピラー社製）。大型のサイズに加えて、操縦席は防弾ガラスや鉄の柵で守られている（Photo by Great Carlos）

可はほとんど出ないのが実情です。

イーサは、この村のことも友だちも大好きです。でも家を建てることができないので、将来この村から出て行かなければならないのではないか、と不安に感じています。

「ぼくが大きくなって結婚しても、家を建てられないから村で暮らすことができないんだ。本当は村を離れたくないんだけど……」。11歳の少年にこんな思いをさせる社会の仕組みは、いったいどうなっているのでしょうか？

2

「占領」とは何か？

ナビ・サミュエル村の子どもたち（右から2番目がイーサ）

占領下の「見えにくい暴力」

ここでパレスチナとイスラエルの位置関係を地図（6〜7ページ）を見ながら整理していきます。西は地中海、東はヨルダン川と死海に挟まれた細長い地域が、現在のパレスチナ、イスラエルです（地図1）。まず「イスラエル国」という国家があります。イスラエルには、日本の四国と同じくらいの土地に、およそ850万人（2016年5月現在）が暮らしています。

イスラエルに隣接した濃い色の2カ所が、「パレスチナ自治区」です。まず地中海に面した小さな地域が「ガザ地区」です。東側にあるやや大きな地域が「ヨルダン川西岸地区」です。ヨルダン川という川の西側にあるので、こう呼ばれています。イーサが暮らすナビ・サミュエル村は、このヨルダン川西岸地区にあります。ガザ地区とヨルダン川西岸地区を合わせたパレスチナ自治区全体の面積は、だいたい茨城県程度で、人口はおよそ475万人（ガザ185万人、西岸地区290万人）です。

イスラエルという国は1948年に建国されました。それより以前は、この「イスラエル」と「二つのパレスチナ自治区」を合わせた地域が「パレスチナ」[*1]と呼ばれていました。ここには、ユダヤ教、キリスト教、イスラム教という三大宗教の聖地である「エルサレム旧市街」[*2]をはじめ、聖書の舞台となった場所が多数あり、人々の関心を集めてきました。「パレスチナ人」

というのは、この地域に伝統的に暮らしてきた人たちとその子孫のことを指しています。

現在、パレスチナ自治区はイスラエルに「国家」[*3]として独立していません。そして重要なことは、パレスチナ自治区がイスラエルに「占領」されていることです。占領とは何でしょうか？　占領という言葉は、国家や武装勢力などが、他の国や人々に属していた土地を、軍事力によって支配下に置くことを意味しています。パレスチナは、表面的には「自治区」と呼ばれているのですが、実際にはイスラエル政府（軍隊）が支配し、大部分をコントロールをしています。ナビ・サミュエル村が監獄のような状態に置かれている原因も、イスラエル軍によって占領されているからです。そしてこの村と同じことが、パレスチナ全土で起きています。

占領がもたらしている問題は、人命に関わることから、「買い物に行くのが難しい」といった日常生活に関わることまでさまざまです。こうした日常のことは空爆などで一度に大勢

＊1　かつて「パレスチナ」の地は、聖書にまつわる聖地エルサレムを中心とした地域を漠然と指していた。そのため境界線で区切られる明確な範囲ではなかった。現在のレバノンやヨルダンの一部も含めた地域を、「歴史的なパレスチナ」とする専門家もいる。本書では、現在の一般的な考え方に従い、イスラエル国家とパレスチナ自治区を合わせた地域を「歴史的なパレスチナ」として扱う。

＊2　エルサレム旧市街には、3大宗教の聖地がある。ユダヤ人が「神殿の丘」、アラブ人が「ハラム・シャリーフ」と呼ぶ小高い丘がある。この丘のふもとの西側の壁がユダヤ教徒の聖地「嘆きの壁」で、丘の上にはイスラム教徒の聖地である「アルアクサー・モスク」と「岩のドーム」がある。キリスト教徒の聖地は、イエス・キリストが十字架を背負って歩いた「ヴィア・ドロロサ（悲しみの道）」と「聖墳墓教会」。旧市街を含むエルサレムの地図と領有権をめぐっては、152ページ参照。

＊3　パレスチナ自治政府には、2012年に国連で「オブザーバー国家」という地位が認められた。オブザーバー国家は、正式な国家資格ではないが、国連などの国際機関で一定の参加資格が与えられている。

検問所（チェックポイント）は占領地の至る所に設けられている。写真は、ヘブロン旧市街の検問所の前に設置された回転ドア

が殺されるような「見えやすい暴力」ではないため、ほとんどニュースにはなりません。しかし、パレスチナで何が起きているかを考えるには、この「見えにくい暴力」を丁寧に見ていく必要があります。占領地で起きている「見えにくい暴力」にはどんなものがあるのでしょうか？　代表的な「検問所」「入植地」「分離壁」という三つを紹介します。

移動をさまたげる「検問所」

ひとつ目は、ナビ・サミュエル村の話に登場した「検問所」（チェックポイント）です。イスラエル軍がパレスチナ各地に設置した検問所は、ヨルダン川西岸地域に１４０カ所以上あり、道を通ろうとするパレスチナ人を、武装したイスラエルの兵士たちが止めて、ＩＤカード（身分証明書）と荷物の検査などを行う場所です。

名目としては「テロリストが武器を所持していないか確かめる」と説明するのですが、検問所を通過できる明確な基準はなく、理由がなくても通してもらえないことがたびたびあります。また検問所にいるイスラエル兵の気分によって、通れるかどうかが決まるケースもあります。検問所周辺はいつも渋滞が発生し、パレスチナ人は学校や仕事、待ち合わせに予定通りに行くことができません。それが続いて失業してしまう人もいます。[*1]

さらにイーサの家族のように、病院に向かう救急車が何時間も止められ、患者の症状が悪化したり、死亡することも珍しくありません。出産を控えた妊婦さんが、お腹の赤ん坊とともに亡くなる事件も多発しています。

そして、パレスチナ人がイスラエル兵を襲撃するような事件が起きると、検問所はいっせいに封鎖されます。それに関連してナビ・サミュエル村でも、大変な事態が起こっています。２０００年に、パレスチナ人による占領への大規模な抵抗運動[*2]が起きました。そのとき外部との出入り口である検問所は完全に閉鎖され、たまたま村の外に出ていた１００人の村人が戻れなくなってしまいました。彼らの所有していた土地と

＊1　イスラエル側の車とパレスチナ側の車では、ナンバープレートが異なる。イスラエル側の車は、イスラエル国旗と黄色地に青の文字。パレスチナ側の車は、白地に緑色の文字。イスラエル側の車は検問所を素通りできるが、パレスチナ側の車は検問所を通るたびに止められチェックを受ける。

＊2　第二次インティファーダ（2000年〜2005年）、占領下のパレスチナ人が、イスラエル軍などに対して行った抵抗運動（5章参照）。

家（村の80％にあたる）は没収され、イスラエル政府が建設した「入植地」の一部に組み込まれました。

増え続ける「入植地」

イスラエル政府は、占領が始まった1967年から一貫して、占領地（パレスチナ自治区）の土地を奪い、家やマンションを建てて、そこにイスラエル国民を住まわせてきました。これは、占領政策のシンボルの一つである「入植地」です。入植地政策とは、占領した土地に人を移住させるということです。占領地の多くのエリアでは、パレスチナ人の家の建築は許されませんが、その隣ではイスラエル人が住むための家がどんどん建設されています。

ナビ・サミュエル村の周囲も、ほとんどの土地がこのような入植地につくり変えられてしまいました。「パレスチナ自治区」と言うと、その中でパレスチナ人が自由にしているような印象がありますが、実際にはこの村のように周囲を入植地でとり囲まれ、息をひそめるように暮らしているのです。

このような入植地は、国際法では違法です。占領した土地を取り上げ、占領者（ここではイスラエル政府）が自国民を住まわせることは、占領を長引かせ、より問題を複雑にすることになるからです。しかしイスラエル政府は、「パレスチナは国家ではないため占領地とは言えない」と主張するなど、国際社会からの批判を受け入れず、入植地の建設工事を続けてきました。完成した入植地にはイスラエル政府が補助金を出し、安い家賃で住めるので、低所得のイスラエル人家族が入居してきます。

　イーサのお父さんのように、仕事に困ったパレスチナ人たちが働いているのは、たいていこのような入植地の建設現場です。パレスチナ人の多くは、自分たちの土地を奪う入植地建設を、そうだと知りながらやらなければ生きていけないような状況なのです。

地図4　ヨルダン川西岸地区の検問所と分離壁

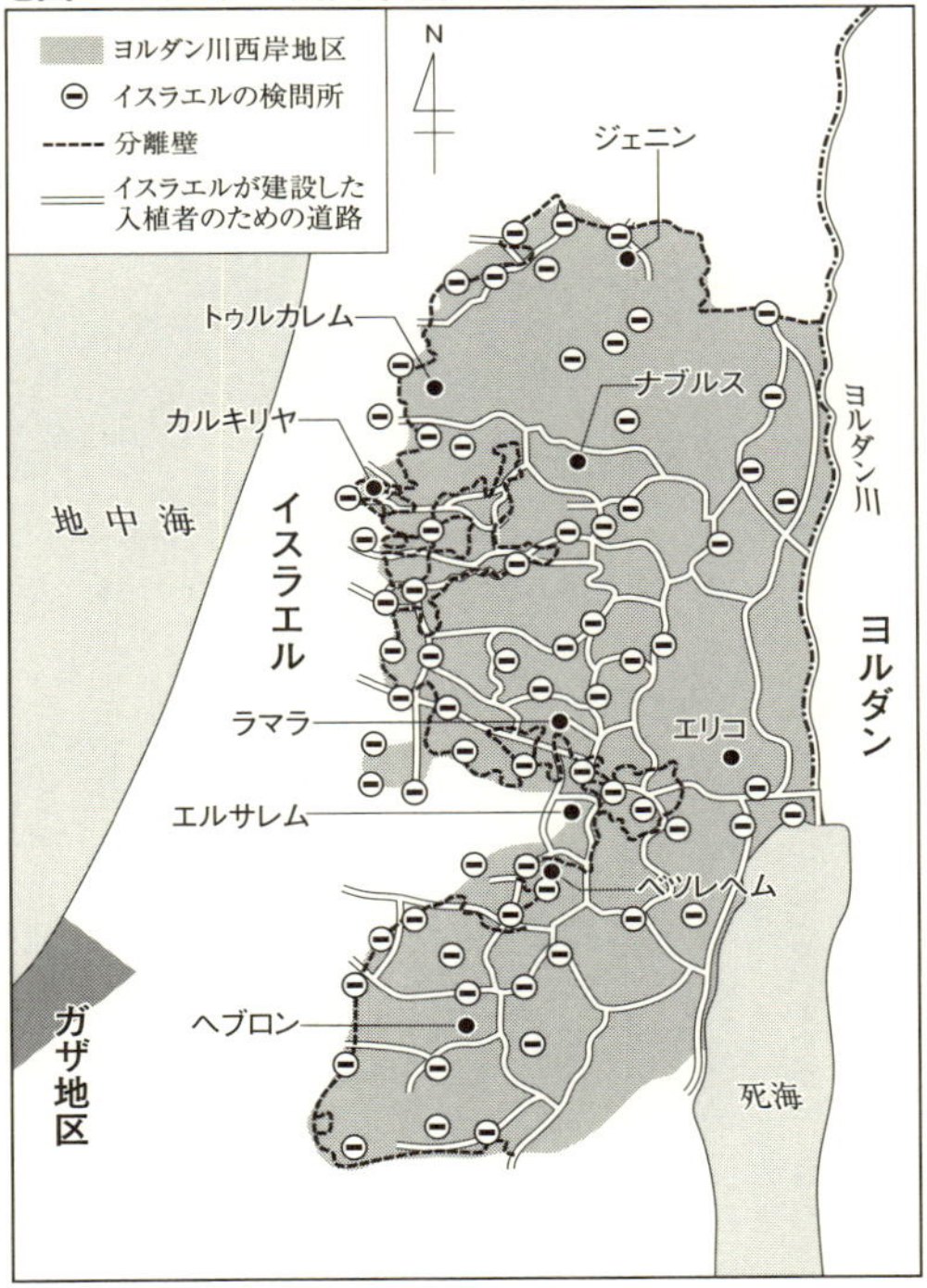

　問題はそれだけではありません。それぞれの入植地は飛び地にな

っていますが、入植地同士をつなぐ入植者専用のバイパス道路の建設工事も常に行われています。そのためパレスチナ人が通る道は遮断されたり、遠回りしなければならなくなることがたびたびあります。

入植地に住む人を「入植者」と呼びます。そして「入植者を危険なパレスチナ人から守る」という名目で、入植地には軍隊が送り込まれています。その兵士たちが口実をつけて隣にあるパレスチナ人の村を攻撃し、人々を追い出し、空いた土地にまた入植地を建てるという戦略も進められています。それによって飛び地だった複数の入植地がつながり、大きな「入植地ブロック」に成長しています。

村の周囲には、巨大な入植地が次々と建設されている

イスラエルが入植地をつくり続ける目的は何でしょうか？　それはパレスチナ自治区に入植地エリアを広げていくことで、イスラエルが土地を所有していることを既成事実にすることだとされています。実際、イスラエルが接収して入植地を建設する土地の多くは、水が豊富に出る地域や、小高い丘など軍事的に有利な場所、そしてイスラエルが領有権を主張する

エルサレム市の周辺が多くなっています。

人々を囲い込む分離壁

2002年から建設が始まったのが、「分離壁」です。分離壁とは、パレスチナ人の住むエリアを囲うようにつくられた壁のことで、全長700キロメートルにも及んでいます。大きな所は高さ8メートルのコンクリート製の壁が建っていますが、場所により鉄条網や電気が流れる柵、ブロック塀などさまざまなスタイルがあります。ナビ・サミュエル村の周囲にも、このような柵が張り巡らされ、乗り越えるとイーサのお父さんのように逮捕されたり、兵士から銃撃されます。

イスラエル政府は分離壁の建設についても「テロリストがイスラエル側に入るのを防ぐため」と説明していますが、実態は異なります。イスラエルとパレスチナのエリアは、第一次中東戦争（1948年）の休戦協定で定められた「グリーンライン」と呼ばれる境界線で分けられています。しかし分離壁はその境界にそって建てられているのではなく、大幅にパレスチナ側に切り込んでいます。

その線引きの理由として使われているのが、入植地の存在です。入植地がある程度固まってつくられている入植地ブロックを取り込むように、壁が建設されています。これは、将来パレスチナ国家が独立する場合に備えて、できるだけイスラエル側に土地を組み込んでしまおうという戦略の一環と考えられています。

パレスチナ人の居住エリアを無視してつくられた分離壁のために、自分の村の半分がイスラエル側に組み込まれ、先祖代々所有してきた家や農地を奪われてしまった人々が続出しました。また、生活に使っていた道路が通れなくなったことで、出勤や通学、病院通いなどの移動も困難になりました。

地図5　ヨルダン川西岸地区の入植地

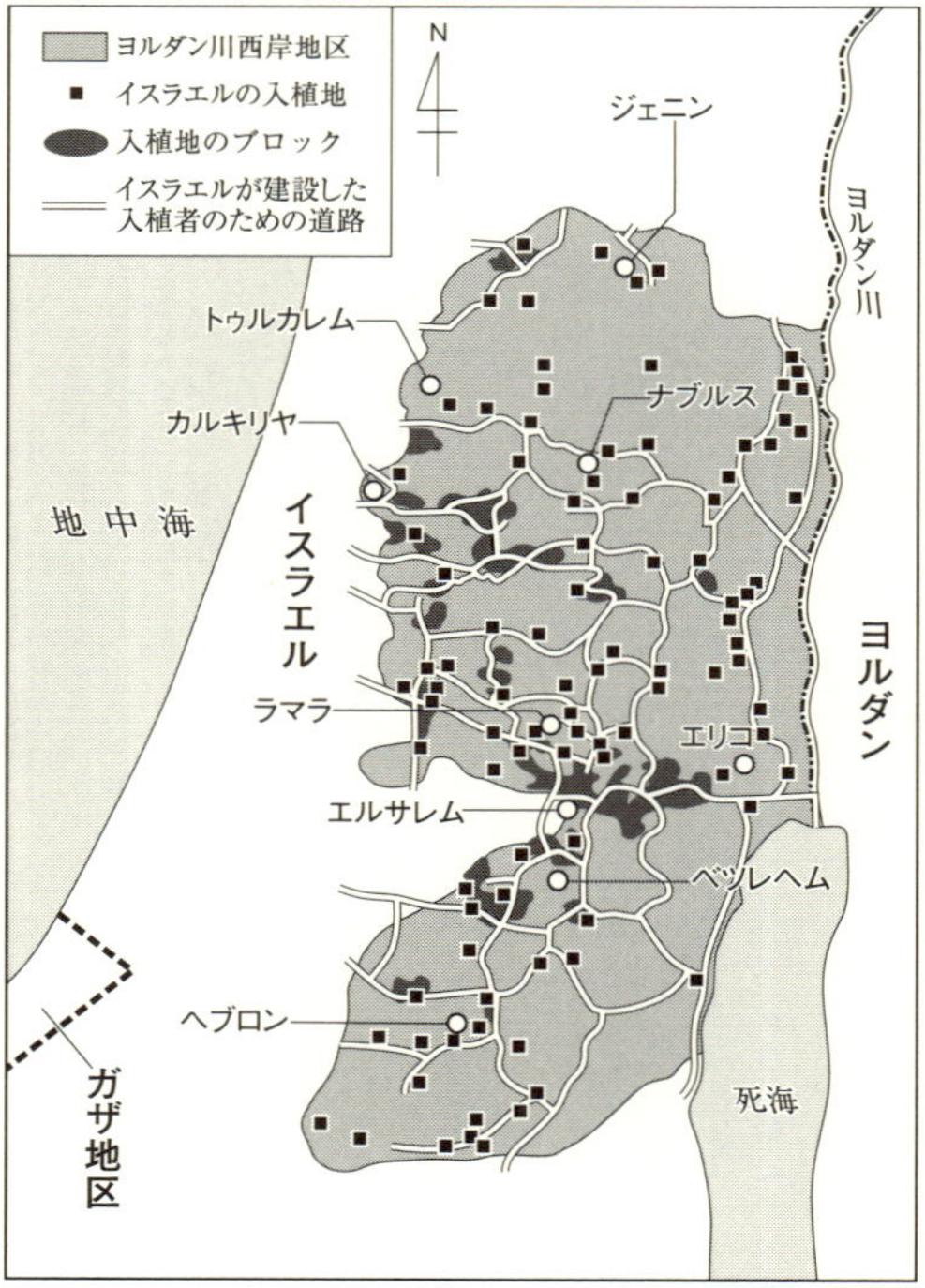

分離壁は、イスラエル国家とパレスチナ自治区を分ける一定のラインにそって建てられているわけではありません。イスラエルの都合により、西

岸地区の至る所に設置されています。ナビ・サミュエル村のように、周囲がぐるりと囲まれてどこにも行くことができない村も増えています。

人類の歴史上、ある特定の人たちを物理的に閉じ込めて移動の自由を奪う政策は、極めて重大な人権侵害とされています。ナチスドイツがユダヤ人を狭いエリアに閉じ込めた「ユダヤ人ゲットー」や、人種差別（アパルトヘイト）政策をとったかつての南アフリカ政府が黒人を集めて住まわせた「黒人居住区」などもそのひとつです。そのためパレスチナ人の間では、この分離壁を「人種差別の壁」（アパルトヘイトウォール）と呼んでいます。

地域を分断するように築かれる分離壁(アイーダ難民キャンプ)

2004年には国際司法裁判所*が「分離壁は国際法上違法」であり、「分離壁の撤去とパレスチナ人への補償」を求める勧告的意見を出しましたが、イスラエル政府は「テロ対策に有効だ」と反発し、建設を続けてきました。

＊　国際司法裁判所　オランダのハーグに設置されている国連の主要な司法機関。国家間の法的紛争を解決するために国連とその専門機関に勧告的意見を提出する。

みんなで村に暮らしたい

占領による見えにくい暴力を象徴する、「検問所」「入植地」「分離壁」の三つを紹介しました。これらはひとつひとつでも問題ですが、複合的に重なることでパレスチナ人の生活をより過酷なものにしています。そしてイスラエル政府にとっては、土地をより効率的に奪うシステムとして機能してきました。検問所で人々の移動を制限し、入植地で土地を奪い、分離壁を建設して残った土地を併合するということが、各地で行われてきたのです。

11歳のイーサは、近い将来、ナビ・サミュエル村がすべて奪われてしまうのではないかと心配しています。事実、すでに元の村の80％の土地が奪われているのだから、そうなる日も近いかもしれません。イーサは言います。

「ぼくが大きくなったら、イスラエルよりも力を持っている人たちに国際会議を開いてもらって、みんなが一緒に村で過ごせるように頼むんだ。暴力は使わず、交渉で分離壁や検問所をなくしてもらうんだよ」

占領という暴力が、「村でみんなと一緒に暮らしたい」という少年のささやかな願いを押しつぶしています。

3

パレスチナ問題の歴史をたどる

旧リフタ村(イスラエル領西エルサレム)の泉で水遊びをするユダヤ人の子ども。子どもたちは、ここがパレスチナ人の村だったことを知らず、古代の遺跡だと思っている

キーワードは「難民」と「占領」

パレスチナ問題が宗教紛争だと考えていた人は、ここまで宗教の話がまるで出てこないことを意外に感じたかもしれません。自分がこの村の住民だったら、と想像してみてください。占領下のパレスチナ人が置かれている状況は、宗教や民族の区別なく、誰の身にも起きて欲しくないことです。なぜこんなことになっているのかを考えるために、歴史をたどってみましょう。

パレスチナ問題を理解する上で絶対に外せないキーワードは、「難民」と「占領」です。「パレスチナ難民」とは、1948年のイスラエル建国前後から現在に至るまで、住んでいた土地を追い出されたパレスチナ人のことです。最も古い人は70年ほど前に難民になったのですが、ナビ・サミュエル村の住人のように、最近追い出された人たちもいます。

「占領」とは、1967年の第三次中東戦争の結果、イスラエルがヨルダン川西岸地区とガザ地区を占領したことに始まります。難民が発生した「48年」と、占領が始まった「67年」という二つは、パレスチナ問題の歴史を語る上で欠かせない、とても大切な年になっています。

その理由は「難民」にしても「占領」にしても、悲劇が現在まで続いているからです。ほとんどのパレスチナ難民は、70年近くにわたって故郷に帰ることができないでいます。また、人々が暮らす町を50年間も軍隊が占領し続けているということも、第二次世界大戦後の世界ではほとんど例がありません。

パレスチナ問題は「宗教戦争」ではない

パレスチナ問題が、「アラブとユダヤの聖地をめぐる2000年の争い」だという説明は間違いです。パレスチナ問題の始まりは、今からおよそ120年ほど前にさかのぼります。120年前と言えば19世紀終わり、もうすぐ20世紀になろうという頃です。日本では明治維新から30年近くが過ぎていました。つまり、近代になってからのことなのです。

ここで、アラブ人とパレスチナ人の違いについて説明します。簡単に言えばアラブ人とは「アラビア語を第一言語とし、自分のことを『アラブ人』と思っている人たち」のことです。エジプト人もイラク人もパレスチナ人も、民族的にはアラブになります。その中で、現在パレスチナに住んでいるか、または住んでいたことがあり、「自分はパレスチナ人だ」というアイデンティティを持つ人たちがパレスチナ人です。イスラエルが建国される以前、パレスチナには少数の遊牧民（ベドウィン）と、多数の農耕を営む人たちが暮らしていました。

パレスチナに住む人たちは、民族的にはアラブですが、宗教はどうでしょうか？ みんながイスラム教を信じているイメージがありますが、アラブ人はイスラム教徒ばかりではありません。キリスト教徒やユダヤ教徒のアラブ人もいます。現在でも、パレスチナ人のおよそ1割がキリスト教徒です。その人たちが120年前まで、宗教の違いを理由に争っていた形跡はほとんどありません。この事実からも、「パレスチナ問題は宗教問題」という理解は間違っていることがわかります。争いの原因は、もともとパレスチナにいた人たちにあったのではなく、外から持ち込まれました。現在のパレスチナ問題をつくったきっかけは、大きなものだけでも六つあります。順を追って見ていきましょう。

きっかけ① 「シオニズム」が生まれた

パレスチナ問題は、ヨーロッパという外部から持ち込まれた問題です。それが「シオニズム」です。シオニズムは、「シオンの丘（＝聖地エルサレム）に帰る」ことを目指す政治・社会運動で、パレスチナにユダヤ人のための国家をつくる目的で始まりました。中東のパレスチナは、ヨーロッパで生まれたユダヤ人にとってなじみがない土地でした。なぜ「帰る」と表現するのでしょうか？ その理由は、[*1]「2000年以上前にユダヤ人の王国がここにあった」という話

「シオニズムの父」、テオドール・ヘルツル（1860年～1904年）

に基づいています。

シオニズムを進める人たちを「シオニスト」[*2]と呼びます。彼らによれば、パレスチナは神からユダヤの民に与えられた特別な土地でした。しかし、王国が崩壊したことでユダヤ教徒は世界中に離散し、その後はヨーロッパを中心に迫害を受けながら暮らすことになります。そして、シオニズムによって世界中から離散したユダヤ人が再びパレスチナに集まり、ユダヤ人の安住の地を2000年ぶりに復活させる、というストーリーが描かれました。シオニズム誕生の背景には、ヨーロッパでユダヤ教徒への差別や迫害が続いてきたことが挙げられます。シオニズムが生まれた19世紀末にも、ロシアや東欧で「ポグロム」と呼ばれる激しい迫害の嵐が吹き荒れていました。

シオニズムを大々的に呼びかけたのは、ユダヤ人ジャーナリストのテオドール・ヘルツルです。の

＊1　紀元前1000年ごろ、ユダヤの王であるダヴィデ王がエルサレムを征服した。次いでソロモン王がユダヤ教の神殿を建設する。古代ユダヤ国家がつくられたとされるのはこの頃。

＊2　1世紀から2世紀にかけて、古代ローマ帝国の支配下で暮らすユダヤ人が反乱を起こし、鎮圧される。旧約聖書によれば、その後ユダヤ人は世界各地に離散したとされているが、当時のユダヤ人全体が離散した考古学的な証拠はないと主張する歴史学者もいる（テルアビブ大学のシュロモー・サンド教授ら）。その説では、ヨーロッパのユダヤ人の先祖はパレスチナ出身ではなく、7世紀から10世紀にかけてカスピ海沿岸に建国されたハザール王国にルーツがあるとしている。つまり、そもそもヨーロッパのユダヤ人が「パレスチナに帰る」というシオニズム運動の根拠が否定されることになる。

ちに「シオニズムの父」と呼ばれる彼は、1894年にフランスで起きた「ドレフェス事件」[*3]というユダヤ人差別事件を目撃し、ショックを受けます。ヘルツルは、ユダヤ人がヨーロッパ社会にとけ込むのは無理で、ユダヤ人のための国家が必要だと考えました。ユダヤ人は少数派だから迫害されるのであり、ユダヤ人が圧倒的に多数派の国をつくれば解決できると訴えたのです。

彼の考えに賛同するユダヤ人が集まり「第一回シオニスト会議」が開催されます（1897年）。会議で結成された「世界シオニスト機構」というグループが、パレスチナにユダヤ人国家を建設するため政治的な働きかけを始めていきます。彼らは「土地なき民に、民なき土地を」というスローガンを掲げ、入植活動（パレスチナに移住すること）を始めました。しかし、当時のパレスチナは「民なき土地」ではなく、多くのパレスチナ人が暮らしていました。

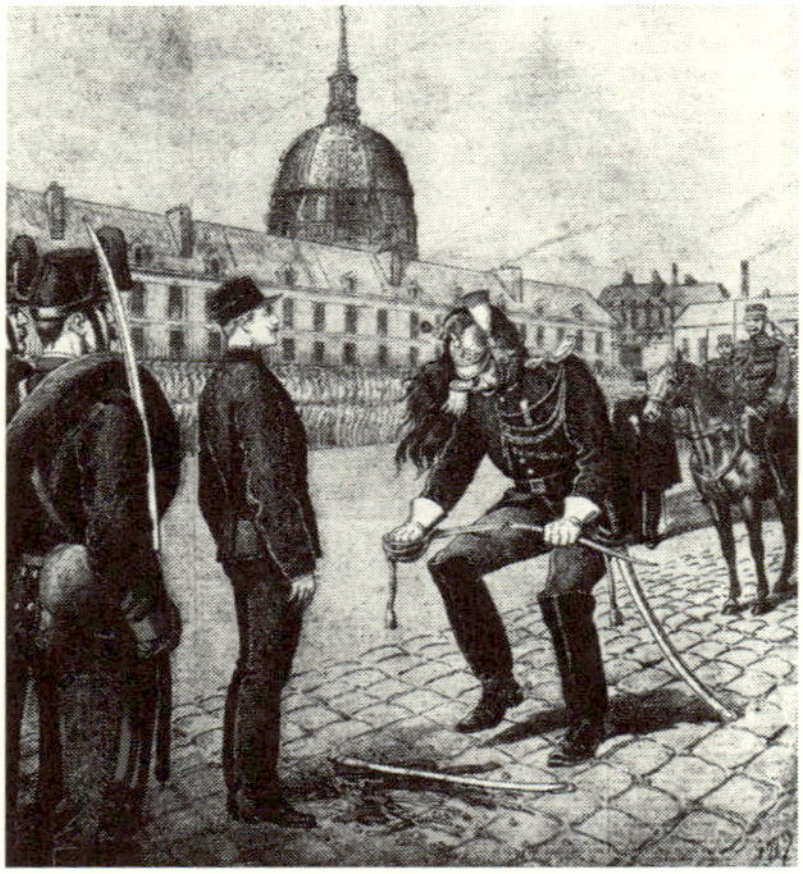

ドレフェス事件を描いたイラスト。スパイの疑いをかけられ、公開で刀を折られるドレフェス大尉。のちに無罪の判決を勝ちとった

ヨーロッパで迫害されたからといって、中東に来て「ここに我々の理想郷をつく

る」と勝手に宣言するのは、現地でずっと暮らしてきた人たちからすると納得のいかない話です。しかし当時はイギリスやフランスなど、世界中に植民地を持っていたヨーロッパ列強が、他人の土地を軍事力で占領し、利権を奪う行為を当たり前のように行っていました。それは、「植民地主義」と呼ばれています。シオニズムは、その植民地主義をパレスチナに持ち込んだ政治運動です。ユダヤ教の宗教運動かのように誤解されることが多いのですが、当時のヨーロッパにいたユダヤ教のラビ[*4]（宗教指導者）の多くは、政治的な力でユダヤ人国家を強引に築こうとするシオニズム運動に、反対の立場をとったとされています。

きっかけ② イギリスの「3枚舌外交」

パレスチナに混乱をもたらしたのは、シオニズムだけが原因ではありません。シオニズムが生まれた当時、パレスチナを支配していたのはオスマン帝国です。オスマン帝国は、最盛期には三つの大陸にまたがる巨大な帝国でした。しかし、400年近くも続いたオスマン帝国は、

＊3　フランス軍のドレフェス大尉が、「ユダヤ人」であることを理由にドイツのスパイであると疑われた冤罪事件。翌年、ヘルツルは自らの考えをまとめた『ユダヤ人国家』という本を出版（1896年）し、それがシオニスト会議の開催につながった。

＊4　「シオニズムの父」であるヘルツルは、宗教的にユダヤ教を信仰していたわけではない。彼はユダヤ人国家をパレスチナにつくることにはこだわらず、南米のアルゼンチンやアフリカのウガンダなどの候補地も提案した。ヘルツルに限らず、初期のシオニズム指導者には非宗教的な人が多かった。

19世紀には政治的な腐敗や内部の反乱などで衰え、すでに「ひん死の病人」と呼ばれていました。そして20世紀に入ると、オスマン帝国の領土は反乱や戦争などで次々と近隣諸国に奪われたり、分離して独立国になっていました。

当時、世界で最も多くの植民地を持ち、勢いがあった国はイギリスです。イギリスも、「ひん死の病人」であるオスマン帝国の遺産を欲しがりました。イギリスにとってパレスチナを含む中東エリアは、石油資源のある魅力的な土地でした。またイギリスが重要な権益を持つインドへの出入り口にあるスエズ運河は、エジプトとパレスチナの間を通っています。この運河を、他の列強に渡すわけにはいきません。

イギリスはフランスやロシアと連合を組み、オスマン帝国やドイツと戦争を行います。これが第一次世界大戦です（1914年〜1918年）。このとき何としても勝利し、中東の権益を手に入れたいイギリスがとった場当たり的な行動が、「3枚舌外交」です。

まず現地のアラブ人の有力者であるフサイン[*1]に、「オスマン帝国に対して反乱を起こしてくれれば、中東にアラブ人国家をつくることを認める」という約束をします（1915年、フサイン＝マクマホン書簡）。このときイギリスの情報部員としてアラブ軍の反乱に参加した

＊1　フサイン・イブン・アリー（1853〜1931）オスマン帝国支配下のアラビア半島のメッカ（現在のサウジアラビア）で太守をしたアラブ独立運動の指導者。

＊2　トーマス・エドワード・ロレンス（1888〜1935）イギリスの考古学者で、第一次世界大戦では陸軍情報将校としてアラブ反乱軍とともに行動した。

のが、映画で有名な「アラビアのロレンス」[*2]です。

一方で戦争の費用が不足していたイギリスは、ヨーロッパのユダヤ人に対して、シオニズムを支援する約束をします（1917年、バルフォア宣言）。シオニストやシオニズム支持者たちには有力な資産家が多かったからです。

さらに、同盟を組んでいるフランスやロシアとも秘密協定を交わし、戦後のオスマン帝国の領土の分割を約束しました（1916年、サイクス＝ピコ協定、地図6）。この三つの約束、とくにアラブとユダヤに与えた二つの約束が、今日まで続くパレスチナの混乱を招く原因のひとつとなりました。

きっかけ③ 米国の移民制限

第一次世界大戦は、イギリスやフランスの側が勝利します（1918年）。オスマン帝国は崩壊し、イギリスの狙い通りに、中東はイギリスとフランスとで山分けされました[*1]。パレスチナは、フランスとの密約では国際管理地域にすることになっていましたが、イギリスはそれを破って自国の統治下に入れます[*2]。そのイギリス統治下で、シオニストの入植が本格化していきます。

シオニストたちはヨーロッパのユダヤ人に、「パレスチナに移住しよう！」と呼びかけました。しかし、一般のユダヤ人はその呼びかけには応えません。いくら故郷で差別されたからといっても、「数千年前に先祖が住んでいた」という理由で、誰も知り合いのいない、気候も文化も違う異郷に移住しようなどと考える人は少数でした。「シオニズムはかえって差別を助長するのではないか」と恐れるユダヤ人もいました。せっかくヨーロッパに同化しつつあるのに、「ユダヤ人国家」ができると、その国以外のユダヤ人は「外国人」として扱われてしまうからです。

ヨーロッパでは依然としてユダヤ人差別が続いていましたが、やむなく家を離れる人が逃れる先は、たいてい米国でした。移民の国である米国には親戚が住んでいたり、文化的にもヨーロッパに近いという安心感がありました。当時、多数派のユダヤ人がシオニズムに熱心でなかったことは、数字にも表れています。1880年から1924年まで、パレスチナへの移住者は15万人ですが、米国に移住したユダヤ人は200万人を超えています。パレスチ

＊1　中東地域の定規で引いたような不自然な国境線は、このときイギリスとフランスとで、地域の実態を無視して分け合った領有範囲を元にしてできた。この線引きが、現在も続く中東の混乱の原因のひとつとなっていると指摘されている。

＊2　形式的には、戦後にできた国際組織である国際連盟からイギリスが委任を受ける形でパレスチナを「委任統治」することになったが、実質的にはイギリスの植民地として運営された。周辺のアラブ諸国は、第一次世界大戦後にイギリスやフランスの強い影響下にありながら、イラク、ヨルダン、シリア、レバノンなどが次々と独立を果たす。しかしパレスチナ国家が独立することはなかった。

＊3　1924年に米国で移民法が成立。20世紀初頭の米国では、大量の移民増加によって、雇用を脅かされると感じたアングロサクソン系の人々の排外感情が高まり、移民の絶対数を制限する法律が作られた。これにより日本をはじめとするアジアや、他の地域からの移民も制限された。

ナへの移民が増えたのは、米国で移民を制限する法律[*3]が決まり（1924年）、簡単には移民できなくなってからのことです。

地図6　サイクス＝ピコ協定に基づく英仏の中東分割ライン

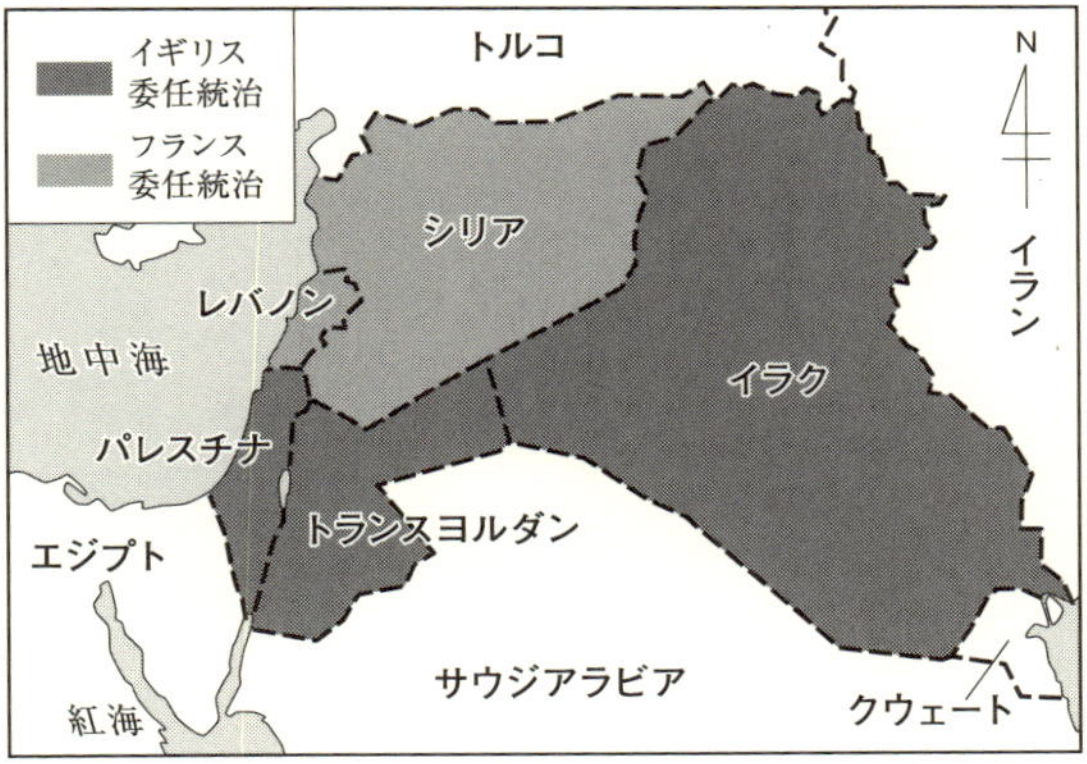

きっかけ④　ナチスの台頭

パレスチナへの移民を拡大させたもう一つの理由は、1930年代にドイツで人種差別を煽る政治組織であるナチス（国家社会主義ドイツ労働者党）が台頭したことです。指導者のアドルフ・ヒトラー率いるナチスは、「第一次大戦でドイツが負けたのは、ドイツにいるユダヤ人のせいだ」という言いがかりをつけます。そして、1933年に政権を獲得してから第二次世界大戦が終わるまで、ドイツや周辺国からユダヤ人の追放・迫害を繰り返しました。ヨーロッパから追い出され、移民制限のため米国にも行けないことで、パレスチナに移住するユダヤ人が増えることになります。

また第二次世界大戦の末期、ナチスドイツはユダヤ人の命を奪う、絶滅作戦を展開します。ドイツやポーランドなどに設置された強制収容所などで、600万人とも言われるユダヤ人が命を奪われました。一連のナチスによるユダヤ人の迫害や虐殺は、ホロコースト[*1]と呼ばれています。戦後、解放されたユダヤ人の一部は、パレスチナに移住しました。

急激にユダヤ系移民が増えたパレスチナでは、もともと住んでいたパレスチナ人とユダヤ人との間で、紛争[*2]が激化するようになります。これ以上移民が増えると混乱が拡大すると考えたイギリスは、移民数の制限を実施します。しかし移民を増やしたいシオニスト指導者たちは怒り、爆弾テロ事件を起こすなど、イギリスの警察や軍に対して激しい武装闘争を仕掛けました。問題を収めきれなくなったイギリスは、パレスチナの管理を放棄します。イギリスが問題を一任した先は、戦後にできたばかりの国際連合でした。

*1 イスラエル政府は、ホロコーストを「ユダヤ民族に起きた悲劇」と位置づけているが、ナチスドイツに殺害されたのはユダヤ人だけではない。民族的に差別されていたロマ、同性愛者や障がい者、反政府的とみなされた人物やソ連軍の捕虜などが標的にされた。ホロコースト被害者の総数1,100万人のうち、約600万人がユダヤ人、約500万人がユダヤ人以外とされる。

*2 パレスチナ大反乱（1936年〜1939年） 急激なユダヤ人移民の増加と、ユダヤ人による土地の買い占め、収奪に混乱したパレスチナ人社会は、ユダヤ人シオニストだけではなく、イギリスの統治の仕方に不信感を抱く。抗議行動は大きな反乱へとつながったが、イギリスはこれを軍隊で鎮圧した。パレスチナ社会を率いるリーダーの多くがこの反乱で失われ、イスラエル建国後の混乱を招いた原因の一つにもなった。

きっかけ⑤ 国連のパレスチナ分割決議

1947年11月、パレスチナは運命のときを迎えました。イギリスから事態の収拾を託された国連で、パレスチナの土地を「ユダヤ人の国」と「パレスチナ人の国」の二つに分ける決議が行われたのです。このパレスチナ分割決議[*1]は、パレスチナ人にとって不公平なものでした。当時の人口の大多数（70％）と、90％以上の土地がパレスチナ人のものだったにもかかわらず、半分以上の土地（56％）をユダヤ国家に与えるという内容だったからです（地図8-①②）。

パレスチナ人と同じアラブ民族が暮らす周辺のアラブ諸国は、猛烈に反対しました。しかし当時のアラブ諸国には、国際社会を動かす力はありません。またホロコースト犠牲者であるユダヤ人に同情する国も多く、決議案[*2]は賛成多数で可決されます。米国やソ連が決議に賛成した背景には、大量のユダヤ人難民を自国で受け入れたくないという思惑や、中東の要所に友好国をつくっておきたいという事情がありました。

*1　国連の分割案では、三大宗教の聖地であるエルサレムはどこの国にも属さない国際管理地域とされた。

*2　分割決議の内訳は、賛成33カ国（米国、ソ連、南米諸国の一部など）、反対13カ国（アラブ諸国など）、棄権10カ国（イギリス、中国など）。ちなみに日本は、当時米国の占領下に置かれ、国際社会への復帰前だったためこの決議には参加していない。

きっかけ⑥「イスラエル建国」によってパレスチナ難民が発生

1948年5月、イスラエルの建国が宣言されました。パレスチナ人には、統一した組織がなく対抗手段がありません。そこで、イスラエル建国を認めないエジプトやヨルダン、シリア、イラクなどからなるアラブ連合軍が、イスラエルと戦争をすることになりました（第一次中東戦争）。

アラブ連合軍は、人数ではイスラエル側を上回ったものの、お互いが不信感を持ち指揮系統もバラバラでした。当初は一進一退の戦況でしたが、新生イスラエル軍は士気が高く、一時停戦の間にソ連の影響下にあった東欧から新兵器の援助を受けるなどして強化されます。戦争はイスラエルの勝利で幕を閉じました。これによりイスラエルは、国連の分割決議でユダヤ国家と認められていた地域（56％）をさらに拡大し、もともとのパレスチナ地域の4分の3以上（78％）の土地を手に入れました（地図8－③）。

残った22％の地域は、ヨルダン川西岸地区をヨルダンが、ガザ地区はエジプトが支配下に置きます。アラブ諸国も、自国の権益の拡大を優先しました。第一次中東戦争の休戦協定で結ばれた軍事境界線は「グリーンライン」と呼ばれ、現在も国際的にはイスラエルとパレスチナの間の基本的な境界と考えられています。

この第一次中東戦争やイスラエル建国前後の混乱により、当時およそ１３０万人いたパレスチナ人口のうち、60％以上となるおよそ70万人のパレスチナ人が故郷を追われ、難民[*1]となりました。パレスチナ難民はヨルダン川西岸やガザをはじめ、ヨルダン、レバノン、シリアなど周辺のアラブ諸国に避難し、それぞれの難民キャンプ[*2]での生活を始めます。パレスチナでは、難民が発生した１９４８年の出来事を、ナクバ（アラビア語で「破局」「大惨事」）と呼び、イスラエルによって故郷を奪われた日と記憶しています。この言葉は、日本や欧米ではほとんど知られていませんが、アラブ社会ではホロコーストに匹敵する歴史的な大事件として受け止められています。イスラエルの政策によって故郷を奪われ難民となる人々は、その後も増え続けました。パレスチナ難民問題の特徴は二つあります。それは、

① 70年もの長い間、故郷に帰ることができていない

② その間にパレスチナ難民は５６０万人に増えている

ということです。この期間と規模は世界の歴史上でもまれにみるものです。一般的に難民にとって最大の願いは故郷に帰るこ

*1　パレスチナ人が難民となった理由には、中東戦争が始まったことに加え、シオニストの戦略も関係していたとされる（4章参照）。

*2　パレスチナ難民キャンプは、周辺国だけでなくヨルダン川西岸地区やガザ地区にもある。イスラエル建国時に土地を奪われ、多数の難民がそこに逃れた（4章参照）。

とですが、少数の例外をのぞいて故郷に帰ることができていません。また帰れない時間が長引いたため、何世代にもわたって避難生活を強いられ、人数が増加しました。土地を奪われ難民となった人々とその子孫は、現在では[*3]約560万人になっています。

地図7　パレスチナ難民の分布と総数

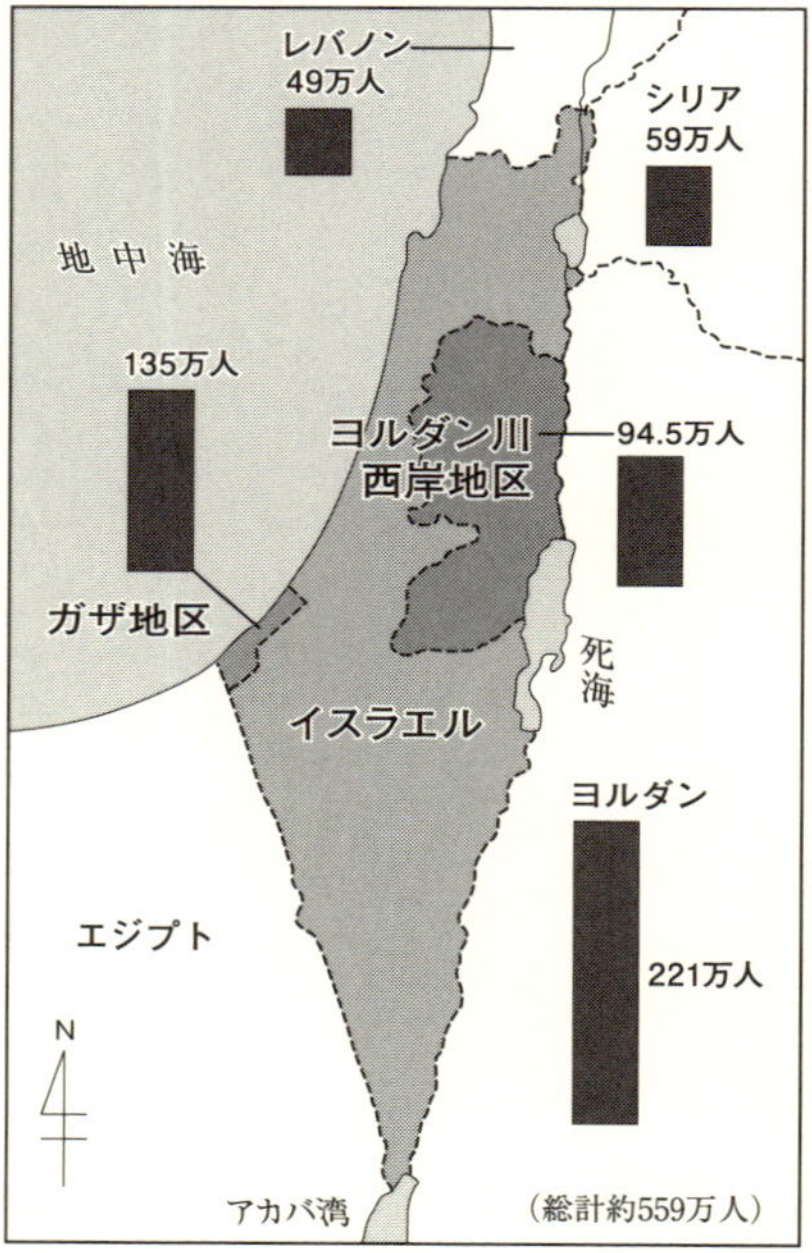

＊3　パレスチナ難民の数は、2015年のUNRWA（国連パレスチナ難民救済事業機関）登録数によると約559万人で、内訳は以下のようになっている。西岸94.5万人、ガザ135万人、ヨルダン221万人、シリア59万人、レバノン49万人。他にも、国連登録されていない難民も多数存在するとされている。

占領の始まりと、小さくなる「パレスチナ」

パレスチナをめぐる状況が大きく変わるのが、1967年に起きた[*1]第三次中東戦争です。

イスラエル軍は、緊張状況にあったエジプト、シリア、ヨルダンの3カ国に奇襲攻撃を仕掛け、わずか6日間で圧倒的な勝利を収めました。ヨルダン川西岸とガザは、イスラエル軍が占領下に置きます。さらにエジプト領のシナイ半島とシリア領のゴラン高原など広大な土地も占領[*2]しました。

その後に起きた第四次中東戦争（１９７３年）を経て、イスラエルはエジプトと和平合意を結びます[*3]（１９７８年）。それによってシナイ半島はエジプトに返還されました。のちにヨルダンもイスラエルと和平条約を結びます（１９９４年）。それらの国々から攻められる心配がなくなったイスラエルは、中東情勢で完全に優位に立ちました。一方、ヨルダン川西岸とガザは占領状態が続きます。パレスチナの地図を年代ごとに見ると、パレスチナ人のエリアがどんどん縮小していく様子がわかります（地図8）。

＊1　この前に行われた第二次中東戦争（1956年）は、エジプトのスエズ運河国有化宣言をきっかけに、エジプト対イギリス、フランス、イスラエルの連合軍によって争われたもので、パレスチナ問題には直接的には関わっていない。

＊2　このときエルサレム旧市街も占領される。ユダヤ教の聖地である嘆きの壁の前のエリアにはパレスチナ人の家が135軒あり、600人が住んでいたが、家が破壊されて追い出されたり、殺害された。現在このエリアは、ユダヤ人しか居住できない「ユダヤ人地区」へとつくり変えられた。

＊3　第四次中東戦争は、エジプトがイスラエルを奇襲攻撃して始まった戦争で引き分けに終わった。それまでの戦争と違い、イスラエルが唯一勝てなかった戦争と記憶されている。この戦争で存在感を見せたエジプトは、イスラエルと単独で和平交渉を行い、シナイ半島の返還に成功する。しかし和平を結んだサダト大統領は、1981年に国内のイスラム過激派から「アラブの裏切り者」として暗殺された。

地図8　縮小するパレスチナ人の土地

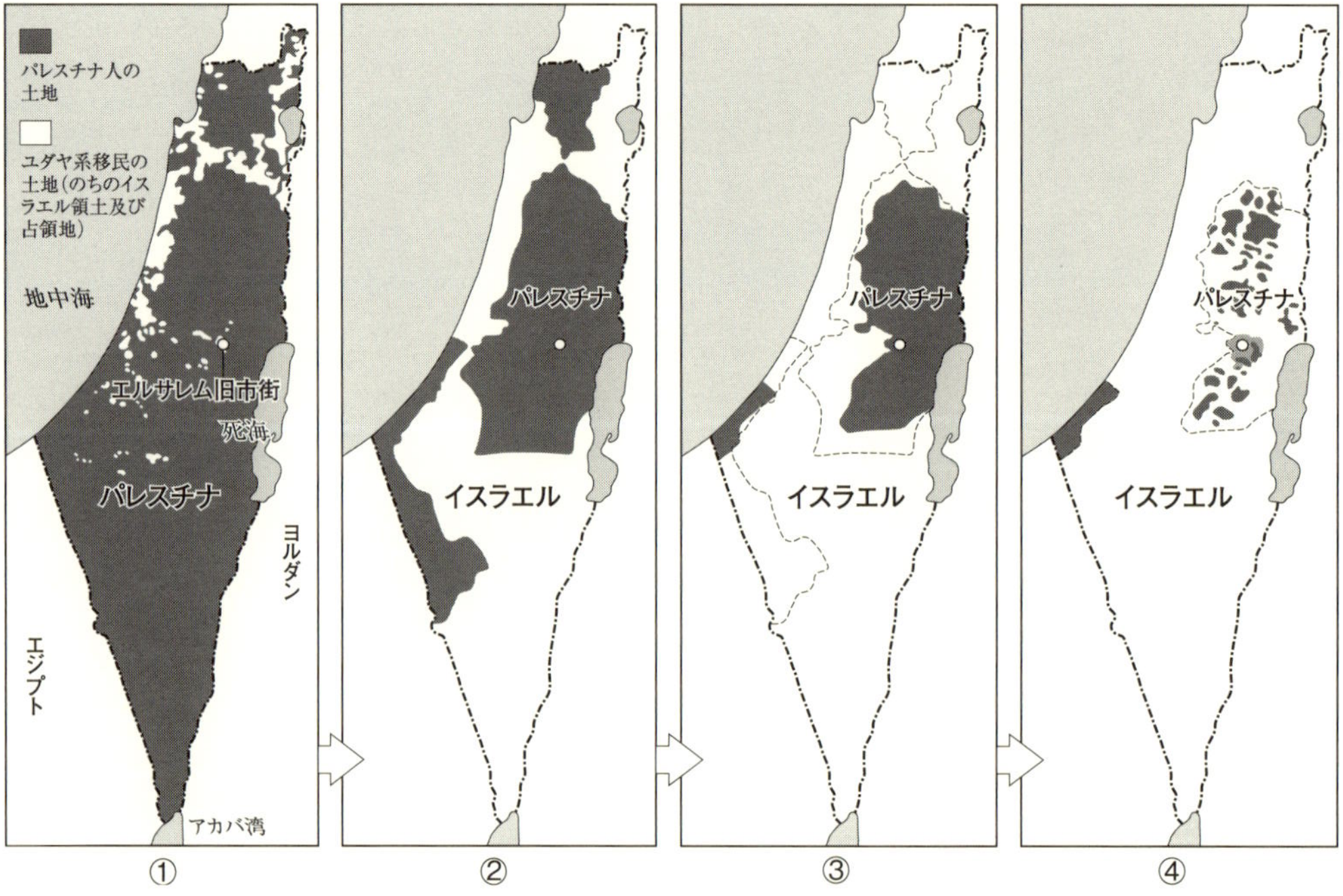

左から①イスラエル建国以前（1946年）、②国連分割案（1947年）、③第一次中東戦争後（1949～67年）、④オスロ合意後（1993年～現在）の地図。パレスチナ人の土地（黒）が、時代とともにどんどん小さくなるのがわかる。

パレスチナ自治政府の元大統領、ヤセル・アラファト（2011年、世界経済フォーラム）

アラブ諸国への失望とゲリラ闘争

イスラエル建国当初、多くのパレスチナ人は同胞のアラブ諸国がいつか自分たちを解放してくれると期待していました。しかし戦争に敗れた上、イスラエルと個別に和平を結んだことで、国家を持たないパレスチナ人が取り残される形になりました。このままでは難民も帰還できず、占領も終わりません。

そこでパレスチナ人は、難民の中から生まれたゲリラ組織に故郷を取り戻す望みを託すようになります。さまざまなゲリラ組織の中で、人材や資金を集めて台頭したのが「ファタハ」という組織を率いるヤセル・アラファトでした。アラファトは、ファタハを含めた多数の抵抗組織を束ねる

＊　ヤセル・アラファト（1929〜2004）は、いくつものゲリラグループが参加するPLO（パレスチナ解放機構）の議長に就任。パレスチナ解放闘争のシンボル的な存在になる。ヨルダンやレバノンなどを拠点にイスラエルと戦うが、いずれの国でも内部対立を生み、内戦の末に国を追われる。1983年には、チュニジアに拠点を移した。しかし、1993年にイスラエルと初めて双方が認め合う和平合意(オスロ合意)を締結。イスラエルのラビン首相とともにノーベル平和賞を受賞した。1996年にはパレスチナ自治政府の初代大統領となるが、その後、和平は破綻する。

ＰＬＯ（パレスチナ解放機構）の議長に就任します（１９６９年）。ＰＬＯはその後、湾岸産油国から資金援助を受け、拠点を移しながらイスラエルにゲリラ闘争を仕掛けていきました。

しかし、こうしたゲリラ活動はイスラエルから「テロ」と扱われ、パレスチナ情勢を大きく変えることはできませんでした。流れが変わるのは、１９８７年に「インティファーダ」という民衆による大規模な抵抗運動が始まってからのことになります（5章参照）。

■コラム① ユダヤ人とは誰か？

ここまで「ユダヤ人」や「ユダヤ教徒」という言葉が出てきましたが、その定義を説明します。実は「ユダヤ人とは誰か」という問いには、はっきりとした答えはありません。この問いをめぐり、「ユダヤ人国家」を自称するイスラエルではいまだに議論が続いています。

イスラエルは現在、ユダヤ人移民を受け入れるにあたって、「ユダヤ人の母親から生まれた人」または「ユダヤ教への改宗を認められた人」であることを条件にしています。しかしこの定義には異論があります。ユダヤ人の父親を持つ人も許可するべきではないか、という議論です。また、何をもってユダヤ教への改宗を認めるかについても意見が分かれて

木版画で描かれたヨーロッパのユダヤ教徒の苦難（1493年製作）

＊1　イスラエルで主流のユダヤ教の宗派は、「正統派」だが、アメリカでは「改革派」や「保守派」が主流となっている。アメリカで改革派の元で改宗し、イスラエルにユダヤ人として移住しようとしたが、イスラエルの宗教関係者に許可されないという事態が起きて論争となったこともある。

います。[*1]

なぜすっきり決められないのかと言えば、ユダヤ人というのはもともと人種的、民族的な存在ではなく、宗教的な存在だからです。かつてユダヤ人という言葉は、ユダヤ教信者のことを指していました。ユダヤ教徒は世界中にいるので、身体的に共通した特徴はいっさいありません。イスラエルを訪れたらすぐにわかります。よくイメージされがちな白人だけでなく、中東系やアジア系の人、アフリカ系の人など、さまざまな人種がいて、その全員がユダヤ人です。

仏教徒に置き換えてみましょう。日本の仏教徒とインドの仏教徒は、同じ宗教であっても「仏教人」ではありません。でもイスラエルの定義では、ヨーロッパのユダヤ教徒とアフリカのユダヤ教徒は同じ「ユダヤ人」ということになります。そのような定義では、いろいろな矛盾が出るのは当たり前です。なぜ宗教的な存在を同じ民族と扱うようになったのでしょうか？

「ユダヤ人」はつくられた

「ユダヤ人」という概念を生み出したのは、ヨーロッパのキリスト教社会です。

キリスト教徒が多数派の中世ヨーロッパでは、キリスト教徒は「普通の人間」とみなされました。そして異教徒であり、イエス・キリストを告発して死に追いやった者の子孫とみなされたユダヤ教徒は、「普通の人間」とは異なる「ユダヤ人」として、差別の対象となりました。

差別されたユダヤ教徒は、キリスト教徒に許可されている土地の所有権が許されず、農地を耕すことができませんでした。そのため当時のキリスト教徒が汚い仕事として、やりたがらなかった金貸しなどの仕事に就く人が増えました。そこで今度はキリスト教徒から「金に汚いユダヤ人」というレッテルを貼られる、という悪循環が起きました。

中世では、宗教の違いが重要視されましたが、近代に入ると宗教よりも民族が大事にされるようになります。「フランス人」や「ドイツ人」といった「国民」という意識のもとにまとまって国家をつくる「ナショナリズム（国家主義）」が高まったのです。それならフランスのユダヤ教徒も、フランス人になれるはずでした。そして法律的には、実際にフランス人になることができました。

しかしキリスト教徒たちは長年の差別感情から、ユダヤ教徒を同じ国民とは認めたくありませんでした。「彼らはフランス人ではなく、ユダヤ人だ」と差別を続けました。政治家が、政策の失敗をユダヤ人のせいにして差別を助長する、といったこともたびたび行われました。

中世では、ユダヤ人とされた人たちはほとんどがユダヤ教徒でしたが、近代に入るとユダヤ教の信仰を捨てたり、キリスト教に改宗して自国に同化しようと考えたユダヤ人も大勢出ました。しかし、本人がユダヤ人のアイデンティティを捨てたとしても、周囲から「あいつはユダヤ人だ」とみなされてしまうと、差別の対象となりました。[*2] 近代になってもユダヤ人が差別され続ける状況にショックを受けた人々の中から、シオニズムのような極端な考え方が生まれました。

ちなみに「ユダヤ人は世界中で差別されてきた」という人がいますが、それは違います。シオニストがやってくるまで、中東のユダヤ教徒は差別されることはありませんでした。ユダヤ教という宗教を信じているアラブ人、とみなされるだけで、「ユダヤ人」とは扱われませんでした。差別が続いたのは、ヨーロッパのキリスト教社会においてだけです。つまり「ユダヤ人」や「シオニズム」といった概念を生み出した背景にあるのは、ヨーロッパのキリスト教社会の根深い差別意識があったのです。

＊2　そうした状況を踏まえて、フランスの哲学者ジャン＝ポール・サルトルは、「ユダヤ人とは、他の人々からユダヤ人と見られる人間のこと」と言った。

4

難民キャンプの子どもたち

難民キャンプ入り口に掲げられた、巨大なカギのモニュメント。
カギは、難民が故郷に帰ることを示すシンボルマークになっている(アイーダ難民キャンプ)

テントのない難民キャンプ

エルサレム旧市街から南に約10キロの所に、イエス・キリストが生まれた町、ベツレヘム（ヨルダン川西岸地区内）があります。ここにある聖誕教会は、イエス・キリストが生まれたとされる場所に建てられたもので、キリスト教最大の聖地です。ベツレヘム周辺には、故郷を追われたパレスチナ人が暮らす複数の難民キャンプがあります。「難民キャンプ」と聞いて一般的に日本人がイメージする光景は、テントが立ち並び、食料配給を待つ人々の列と、お腹をすかせた赤ん坊が泣いている姿ではないでしょうか？

でもパレスチナは違います。コンクリート製の家が並び、路地では少年がサッカーをしています。学校や病院に加え、ささやかな市場があって、ロバや車が走っています。スマートフォンで話す商人や、タブレットの動画を眺める若者もいます。狭い敷地にびっしりと家が建ち並びゴミが散らばる様子は、もちろん普通の町ではありません。しかし、飢え死にしそうな子どもたちが大勢いるわけではなく、日本人がイメージするいわゆる「テント村」とは異なります。

初めて訪れた人は、ここが難民キャンプだと気がつかないかもしれません。物質的な貧し

路上でサッカーをする子どもたち。たびたび車が通るのでゲームに集中できない（ディヘイシャ難民キャンプ）

さという点では、パレスチナ難民より厳しい人たちは、世界中にたくさんいます。だからと言って、問題がないということではありません。パレスチナ難民の苦しみは、単に「ご飯が食べられない」とか、「貧しい」ということではないからです。難民キャンプで育った子どもたちの話を聞いてみましょう。

ぼくたちの居場所はどこ？

1948年にできたベツレヘム周辺の難民キャンプの一つ、ディヘイシャ難民キャンプ。1キロ四方の狭いエリアに、びっしりと建物が並ぶキャンプの人口は1万3000人程度。その4割以上が15

歳以下の子どもたちです。パレスチナ難民の支援は、主に国連パレスチナ難民救済事業機関（ＵＮＲＷＡ）という組織が担当しています。住居の手配、学校や病院の運営、職業訓練などの支援をしていますが、いずれも十分に行き届いているというわけではありません。

各家庭の屋上には大きな水タンクが並ぶ

学校は、子どもの人数が多すぎて、午前と午後の交代制で授業を行うため、一人ひとりの学習時間が足りません。また、小さな病院は常に込み合い、医療スタッフはほとんど休む時間がありません。しかし難民キャンプに暮らすパレスチナ人は、一般のパレスチナ人が持つ健康保険の対象から外れるため、キャンプ外の病院で受診することができません。そして難民キャンプに生まれ育ったパレスチナ人は、基本的にはパレスチナ自治区内の他の地域に住むことは難しい現状があります。

＊1　パレスチナの水問題　占領地の水源の8割はイスラエルが押さえ、水の使用量にはパレスチナ側（占領地）とイスラエル側とで大きな差がついている。WHOが推奨する水の使用量は一人当たり一日100リットル。イスラエルでは300リットル以上を使用しているのに対し、西岸地区では73リットル、ガザ地区では50リットル以下となっている。しかもガザ地区の水のほとんどは汚染され、飲料に適していない。占領地では、パレスチナ人が新たな井戸を掘る権利は制限されている。

手前から、ムハマッド・ダラグメ（12）、アフマッド・ダラグメ（14）、ムハマッド・ザハロン（15）の3人（ディヘイシャ難民キャンプ）。2人のダラグメは、いとこ同士

キャンプの家々の屋根には、無数の水[*1]タンクが並んでいます。イスラエル軍は、占領地の水資源の8割以上を押さえ、パレスチナ人による水の使用を厳しく制限しています。そして、イスラエル軍の都合によってしばしば水が止められるため、それに対処できるようタンクに貯めているのです。水資源の支配は難民キャンプだけでなく、占領地全体でパレスチナ人の生存権を脅かし続けています。

キャンプ内の狭い通路で、サッカーボールを追いかける少年たちがいます。同じ学校に通うムハマッド・ザハロン（15歳）、アフマッド・ダラグメ（14歳）、ムハマッド・ダラグメ（12歳）は、幼なじみの仲良し3人組です。

３人ともサッカーが大好きですが、自由に遊べる広い場所がなく、狭い通路でやっています。しかも車の出入りが多いため、いちいちプレーを中断しなければなりません。キャンプには、限られた敷地に住宅や必要な施設が建てられてきました。そのため、子どもの遊び場をつくる余裕はありません。遊び盛りの子どもたちにとって、遊び場がないことは大人が思うよりも深刻な悩みとなっています。

キャンプでの暮らしについて、年上のムハマッド・ザハロンが語りました。「ここは好きじゃないよ。すごく込み合って、公園や遊べる場所がないから。それから水や電気がよく止まるんだ。特に電気は一番必要とする、冬の寒い日に切れてしまうからたまらないよ」。

体が大きく、顔つきも大人っぽいアフマッド・ダラグメは、生活で困ることを話しました。「イスラエル兵がやってきて、子どもたちを逮捕するんだ。つい最近も、近所の14歳の友だちが捕まった。理由もわからず2カ月も監禁されていたんだよ。ここでは、子どもでもグループで集まっていると『何をしているんだ！』『ＩＤを見せろっ！』って銃を突きつけられて脅される。めちゃくちゃだよ……[*2]」。

＊2　子どもの囚人　パレスチナの囚人支援組織「ADDAMEER」によると、西岸とガザでイスラエルの刑務所に投獄されている18歳以下のパレスチナの子どもは常時200人ほど。いずれも石を投げたり、政治的な主張についての罪を問われて収監されている。占領地の子どもへの長時間の尋問や暴力的拷問は日常的に行われ、子どもの人権を侵害するこのシステムは、国連機関でもしばしば問題になっている。

故郷に帰りたい

難民キャンプの人たちは、毎日のように衛星放送で世界のニュースを見ています。子どもはそうした番組によって、世界の他の国の暮らしぶりを知っています。3人の中では年下ですが、しっかりとした口調で話すムハマッド・ダラグメは、パソコンを扱うのが得意。将来はエンジニアを目指しています。

彼は、自分が難民であることをこのように感じています。「占領とか、難しいことはよくわからない。でも、ぼくたちが世界の他の人と同じように暮らしているわけじゃない、ということはわかるよ。自分の町を自由に行き来したり、外国に出かけたりすることはできないから。毎日のように誰かの家が壊されたり、逮捕されたり、土地が奪われたり、ということが普通じゃないってことぐらいね」。

そしてこのように続けました。「胸が締め付けられるような毎日にはもううんざりだよ。早く自由のないキャンプから離れて、ひいおじいちゃんの故郷のサラア村に帰りたい」。

ムハマッドが「故郷」と語るサラアは、すでにイスラエル国家の一部になっています。そしてディヘイシャ難民キャンプで生まれた彼自身は、サラアには一度も行ったことがありません。でも彼らにとって難民キャンプは、あくまで「仮住まい」でしかありません。子ども

西岸地区北部、ナブルス近郊にあるバラータ難民キャンプの1950年の写真。キャンプができた当初はテントが並んでいた

たちの心の中の故郷は、四世代前のひいおじいさんが住んでいた、見たこともない村なのです。

子どもたちのひいおじいさんは、１９４８年に家を離れるとき一時的に避難するだけだと考え、あわててカギを閉めて脱出しました。まさかこんなに長く帰れないとは、思ってもいなかったのです。元の家は、すでに壊されて廃墟になっていたり、イスラエル人が住んでいます。それでも難民となった人たちは、「いつか故郷に帰る」という思いを捨てていません。そのシンボルとして、逃げるときにかけてきた鉄製の大きなカギを、次の世代に引き継いでいます。

難民キャンプでの暮らしが厳しければ厳しいほど、難民一世の人たちのかつての故郷での暮らしは、より美しい思い出として心に刻まれていきます。ムハマッド・ダラグメのひいおじいさんは、いつか故郷に帰りたいと願いながら亡くなりました。そして彼のその思いは、カギとともに、ムハマッドのお父さんであるアーメド・ダラグメ（37歳）に引き継がれました。アーメドは、「難民であるということは、自分の国の中にいても、いつまでも『よそもの』であるということを示しているんだ」と心境を語ります。

およそ70年前、難民生活が始まった当初は、パレスチナ難民キャンプにはテントが並んでいました。故郷に帰るめどがたたない中、冬は冷え込み、夏は強烈な日差しを受けるこの土地で、いつまでもテント生活を続けるわけにはいきません。テントは粗末な仮小屋となり、コンクリートブロックを積んだ家へと変わりました。子どもが増え、狭い敷地に大勢が住まなければならないため、建物は無秩序に上へ、上へと伸びていきました。それでも建設が追いつかず、一部屋に何十人も暮らさなければなりません。そうやって長い年月の間に、キャンプは街のような風景へと変わりました。

パレスチナ難民の本当の苦難はここにあります。「テントじゃないから大丈夫」なのではなく、テントがコンクリートに変わり、そこに街ができて何世代も入れ替わっても、ほとんどの人が故郷に帰ることができないという現実が、問題の根深さを示しているのです。

どうして難民になったのか?

エルサレム旧市街の近く、現在イスラエル領になっている地域に、かつてパレスチナ人が暮らしていたリフタ村の廃墟があります。リフタというアラブの名前は、地名としては残っていますが、周辺にはイスラエル人のための新築の家が建てられ、谷に面して並ぶかつての荒廃した家々は、中世にタイムスリップしたかのように取り残されています。

石灰岩でできた立派な造りの住宅からは、名産のオリーブ油の商売などで富裕層が多かった、というかつての村の面影が見てとれます。谷の斜面にはオリーブの木が生い茂り、一番低いところには天然の泉が湧き出しています。かつて500戸、3000人の住人が暮らしていたこの村も、イスラエル建国の年に消えた村のひとつです。イスラエル政府はこれまで、難民が発生したのは自分たちに責任はないという立場をとってきました。イスラエルの学校では、「第一次中東戦争によってパレスチナ人が勝手に逃げた」と教えています。しかし、それは事実ではありません。なぜ多くの人が難民となり、村が消えていったのでしょうか?

* イスラエルでは、第一次中東戦争が始まる直前にアラブ諸国がパレスチナ人に向けて、「戦争が終わるまで村を離れるように」というラジオ放送を流したと説明している。しかし実際にラジオ放送を流したという記録や証言は、今日に至るまで出ていない。

虐殺の村

国連決議によってパレスチナ分割が決まったとき、国づくりを進めてきたシオニストの指導者たちには、心配事がありました。国連がユダヤ人側に多くの土地を与えると決めたこと

地図9　イスラエル建国以降、失われたパレスチナ人の村
(PASSIA DIARY 2015より作成)

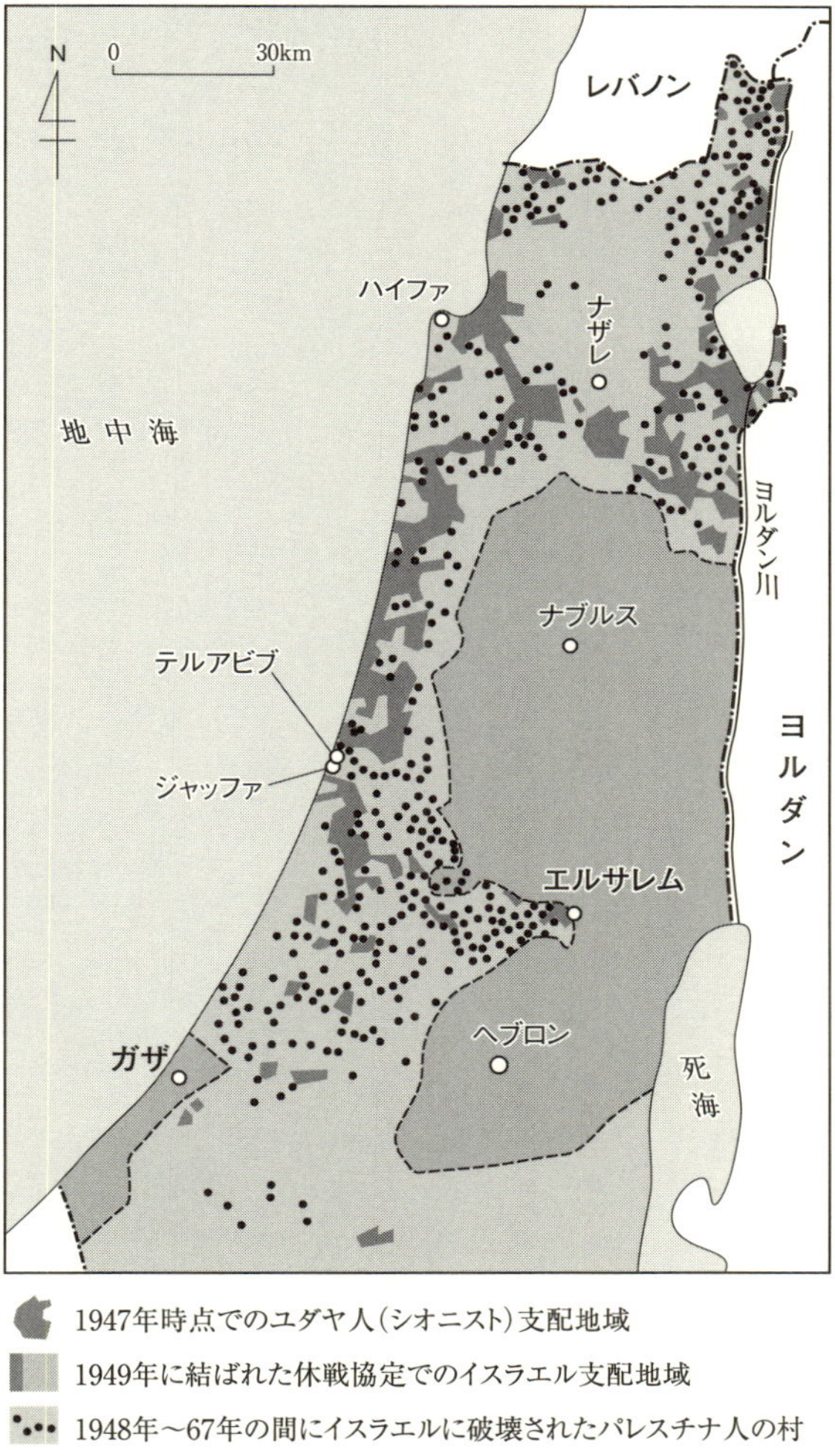

1947年時点でのユダヤ人(シオニスト)支配地域

1949年に結ばれた休戦協定でのイスラエル支配地域

1948年〜67年の間にイスラエルに破壊されたパレスチナ人の村

は、シオニストにとっては収穫でした。しかしシオニストがここにつくろうとしたのは、「ユダヤ人が圧倒的に多数派の国」でした。もし国連案のまま国家を分けると、当時「ユダヤ人国家」として割り当てられた地域に住んでいたユダヤ人は、パレスチナ人と同程度か、少しだけ多いという程度でした。シオニストは、それでは満足できません。

そこでシオニスト指導者たちは、パレスチナ人を村から追い出す作戦を展開します。特にターゲットになったのは、将来の首都にするつもりだったエルサレム周辺の村々でした。パレスチナの村々で、シオニスト軍事組織による強制的な追放や虐殺事件などが相次ぎました。そのひとつがデイル・ヤーシーン村の虐殺事件です。

シオニストの拠点であるテルアビブの町とエルサレムを結ぶルート上に位置するこの村では、100人以上の村人が虐殺されています。[*1] この虐殺事件には、のちのイスラエル首相であるメナヘム・ベギン（1913〜1992）が率いる民兵組織が関わったことが明らかになっています。

事件の衝撃はすぐに他の村々に伝わり、パニックになった周辺の村人が逃げ出します。現

*1　当時の村の人口と虐殺された人数は、詳細なデータが残っていない。そのため調査機関や研究者によって異なる数字が出ているが、ほとんどの調査で村の人口は400人〜600人の間、犠牲になったのは100人〜250人の間とされている。

*2　イスラエル政府は、2011年にリフタ村の廃墟を撤去し、高級住宅街に造り変える計画を発表した。しかし、過去の歴史を残そうとするリフタ村の元住民やイスラエルの人権団体が抗議行動を起こし、2016年末現在は計画が棚上げされている。

在も廃墟が残っているリフタ村は、デイル・ヤーシーン村の隣にありました。リフタ村の住人も、他の村人と同じように逃げました。そのため住民に死者はなかったのですが、シオニストの軍隊は村人が二度と戻って来られないように、すべての家屋を爆弾などで破壊、屋根に穴を開けました。[*2] こうして破壊されたパレスチナ人の村は、1948年前後だけで400以上にのぼり、70万人もの難民が出る原因のひとつとなりました。

第一次中東戦争は1948年5月に始まりましたが、デイル・ヤーシーン村の虐殺事件は同じ年の4月に起きています。「戦争によって難民が出た」というイスラエル政府の説明とは異なり、軍事作戦による難民の発生は、戦争前からすでに始まっていたのです。

リフタ村の廃墟には、ヘブライ語（イスラエルの言葉）で「アラブ人に復讐を！」「アラブ人に死を！」という落書きがされている

難民の帰還権

難民の最大の願いは、故郷に帰ることです。しか

しユダヤ人の人口が多数を占めることにこだわるイスラエル政府は、パレスチナ人が故郷に帰ることを「脅威」と受け止め、交渉そのものを拒否してきました。一方でユダヤ人口を増やすため、この地域に住んだことのないユダヤ人を世界各地から積極的に移民させています。

難民が故郷に帰る権利のことを「帰還権」と呼びます。パレスチナ難民は、この帰還権がないことが最大の問題だととらえています。難民発生からおよそ70年が経つ現在、少数ながら避難先で経済的に成功した人もいます。彼らの子孫の中には「もし帰れるようになっても、移住しない」と考える人もいます。しかし、帰るかどうかを決める権利がない、というのは別問題です。またその決定権を、追い出した側のイスラエルが握っているということに納得できない人は大勢います。

パレスチナ人の追放が、過去の歴史になっていない点も重要です。約70年前にリフタ村で起きたことと、現在ナビ・サミュエル村で進行していること（1章参照）は、構造がよく似ています。つまり、パレスチナ人が難民になったのは1948年だけでなく、そこから現在進行形でずっと続いているということになります。ある民族集団を、居住地から強制的に追い出すことを「民族浄化」*と呼びます。パレスチナで起きていることは、その民族浄化に他なりません。

＊　民族浄化（エスニッククレンジング）　追放や強制移住、虐殺などによってある地域から該当する民族を根絶やしにすること。1990年代に起きた旧ユーゴスラビア諸国の紛争で、各民族集団の武装グループが他の民族に対して実施し、この言葉が使用された。

5

インティファーダ
ぼくは石を投げた

戦車に石を投げる少年（第二次インティファーダにて© Musa Al-Shaer）

石の革命、インティファーダ

一般的に、他国の軍隊などに占領された場合は、市民による反発や暴動が起きやすく、鎮圧のために占領する側にも犠牲が出たり、費用がかかるとされています。しかしパレスチナでは、占領が始まってから20年間は民衆による大きな暴動が起きず、イスラエルにとっては「安上がりな占領」とさえ呼ばれていました。

事態が動いたのは1987年です。ガザ地区で起きた事件をきっかけにパレスチナ人の子どもや若者がイスラエル兵に石を投げ始めます*。それをきっかけに占領地に充満していた怒りが、あっという間にパレスチナ全土に燃え広がりました。これが占領に対する民衆の抵抗運動、第一次インティファーダです。「インティファーダ」は、アラビア語で「振り落とす」という意味で、占領を揺さぶって終わらせようというのが、パレスチナ人の合い言葉になりました。抵抗する手段が石だった理由は、周りに石しか武器となるものがなかったからです。このインティファーダは「石の革命」とも呼ばれています。

それに対して、イスラエル兵は子どもたちを銃撃しました。また、石を投げられなくなるよう子どもを捕まえて肘の骨を折る、ということを徹底します。逮捕され、拷問された少年

＊　1987年12月、ガザでパレスチナ人労働者を乗せた2台の車に、イスラエル軍の大型トラックが突っ込み、パレスチナ人4人が死亡、7人が重傷を負う。葬儀には1万人以上が集まり、デモへと発展。鎮圧に来たイスラエル軍に投石を始め、衝突が広がった。

も大勢出ました。この第一次インティファーダは1993年まで断続的に続きますが、この期間に亡くなったパレスチナ人は1000人以上、逮捕者は数万人にのぼります。そしてその多くは、子どもや若者でした。

石を投げた少年

子ども時代に、第一次インティファーダを経験した人がいます。ディヘイシャ難民キャンプの子ども、ムハマッド・ダラグメのお父さんであるアーメド・ダラグメです。ディヘイシャ難民キャンプは、インティファーダの拠点のひとつとして、特に激しい抵抗運動が起きた場所です。そのため、イスラエル軍のターゲットとなり、多くの犠牲者を出しました。

第一次インティファーダが始まったのは、アーメドが9歳のときです。抵抗運動と衝突が激しくなると、イスラエル軍は外出禁止令を出し、学校は閉鎖されました。外出禁止令が出ると、数時間から数カ月間にわたり、外出すれば、逮捕や銃撃をされてしまいます。買い物はもちろん、病院や学校、仕事にも行けなくなってしまいます。その間は、いっさいの外出が禁じられるという軍令です。

キャンプの中は、武装したイスラエル兵だらけになりました。アーメドは家の中で息をひそめるようにして過ごしましたが、その間も銃撃や爆弾の音は絶え間なく続き、催涙弾の臭いが立ち込める状況に、ずっと恐怖を感じていました。

11歳になると、アーメドは「占領」の意味を理解できるようになります。インティファーダはまだ続いていました。そして他の少年と同じように、彼もイスラエル軍に石を投げ始めます。ところが数日後の晩、アーメドが寝ているとき兵士が自宅に押し入り、叩き起こされます。手を縛られ、目隠しされた彼は、息もできないような恐怖におびえました。石を投げた見せしめとして逮捕されたのです。

インティファーダの際に、イスラエル兵に銃撃された少年をモチーフに描かれた落書き（ディヘイシャ難民キャンプ）

軍用車で連れて行かれた先は、留置所でした。アーメドは、一緒に石を投げた子どもたちの名前を聞かれましたが、答えませんでした。すると、2日間にわたって殴る蹴るの暴行を受けました。解放された後、彼は呆然として家に帰り、誰とも話さずにベッドに倒れ込んで2日間眠り続けました。アーメドは言います。「あのときぼくはたった11歳だった。今でも思い出すと、息が苦しくなるんだ……」。

アーメドは、子ども時代をインティファーダの時期に過ごしたため、教育を受けることができませんでした。だから今の子どもたちには、きちんとした教育を受けさせたいと考えています。そしてそれ以上に、子どもたちが恐怖の中で過ごさないですむ社会になって欲しいと強く願っています。

和平に向けた「オスロ合意」が結ばれた

インティファーダを目撃した国際社会は、衝撃を受けました。それまでイスラエルに対する国際社会のイメージは「差別されたかわいそうなユダヤ人がつくった国」というものでした。しかし、テレビではイスラエル兵が子どもたちを撃ち殺し、戦車で襲う映像が毎日のように流れたのです。それにより、占領の深刻さを初めて世界が注目するようになりました。イスラエル国内でも、「さすがにやりすぎではないか」と声を上げる人たちが現れます。

そのような状況下で、92年にイスラエル首相に就任したのがイツハク・ラビン[*1]でした。ラビンは、イスラエルが歴史的勝利を挙げて多くの占領地を手に入れた第三次中東戦争の軍の責任者として、イスラエルでは英雄視されて

*1　イツハク・ラビン（1922～1995）　第一次中東戦争ではエルサレムをめぐる攻防戦の指揮をとり、第三次中東戦争では国防軍の参謀総長としてイスラエルを勝利に導いた。

いました。彼は、インティファーダが始まったときに国防大臣として対策に追われた経験から、占領政策をこのまま続けることへの限界を感じ、「紛争解決のためなら占領地の一部を返しても良いのでは」と考えるようになりました。

そして1993年、歴史上初めてイスラエル政府とパレスチナ側による「オスロ合意」[*2]という和平条約が結ばれました。調印式が行われた米国のホワイトハウスでは、これまで敵同士だったラビン首相とPLO（パレスチナ解放機構）のアラファト議長が初めての握手をしました。この合意では、これまで存在を否定していたお互いが、双方の存在を認め、平和のために対話していくと決められました。

オスロ合意を結ぶイスラエルのラビン首相（左）とPLOのアラファト議長（右）。中央は米国のクリントン元大統領

オスロ合意に基づいて、アラファト議長の率いるPLOは「パレスチナ自治政府」となり、1996年には初の選挙を実施。アラファトは大統領に選出されて、ヨルダン川西岸のラマラという町を拠点に暫定自治を始めます。「暫定」というのは「とりあえず」の意味で、し

＊2　ノルウェーの首都オスロで、ノルウェー政府が間をとりもち、イスラエル政府とパレスチナ代表団の交渉を秘密裏に行ったことからこの名がついた。

ばらくしたら本格的な自治体制に移行していこうと約束したことになります。

占領に苦しんできたパレスチナ人は、自分たちの政府ができたことで、やっと解放されると期待しました。ところがその後、オスロ合意は機能しませんでした。オスロ合意は、ひとまずお互いの存在を認めることを合意しただけのものです。難民問題や入植地問題、パレスチナ国家建設など難しい問題については、後から話し合うとしていました。そこに大きな問題が潜んでいました。

オスロ合意の実態

オスロ合意によって、占領地（パレスチナ自治区）はABCという三つのエリアに分けられることになりました（地図10）。エリアAはパレスチナ人が自治権を持つ場所で、パレスチナ自治政府の拠点であるラマラなどが指定されました。しかし、それ以外の大半のエリアは、イスラエル軍が治安維持にあたるBとCに指定されました。そのため各エリア間は分断され、検問所や入植地はなくならず、過酷な占領は続きました。

パレスチナ人が比較的自由にできるエリアAの面積は、西岸地区の18%。しかもバラバラに分けられています。これは1948年以前に歴史的にパレスチナと呼ばれてきた地域

地図10　ヨルダン川西岸地区のオスロ合意によるエリア分け

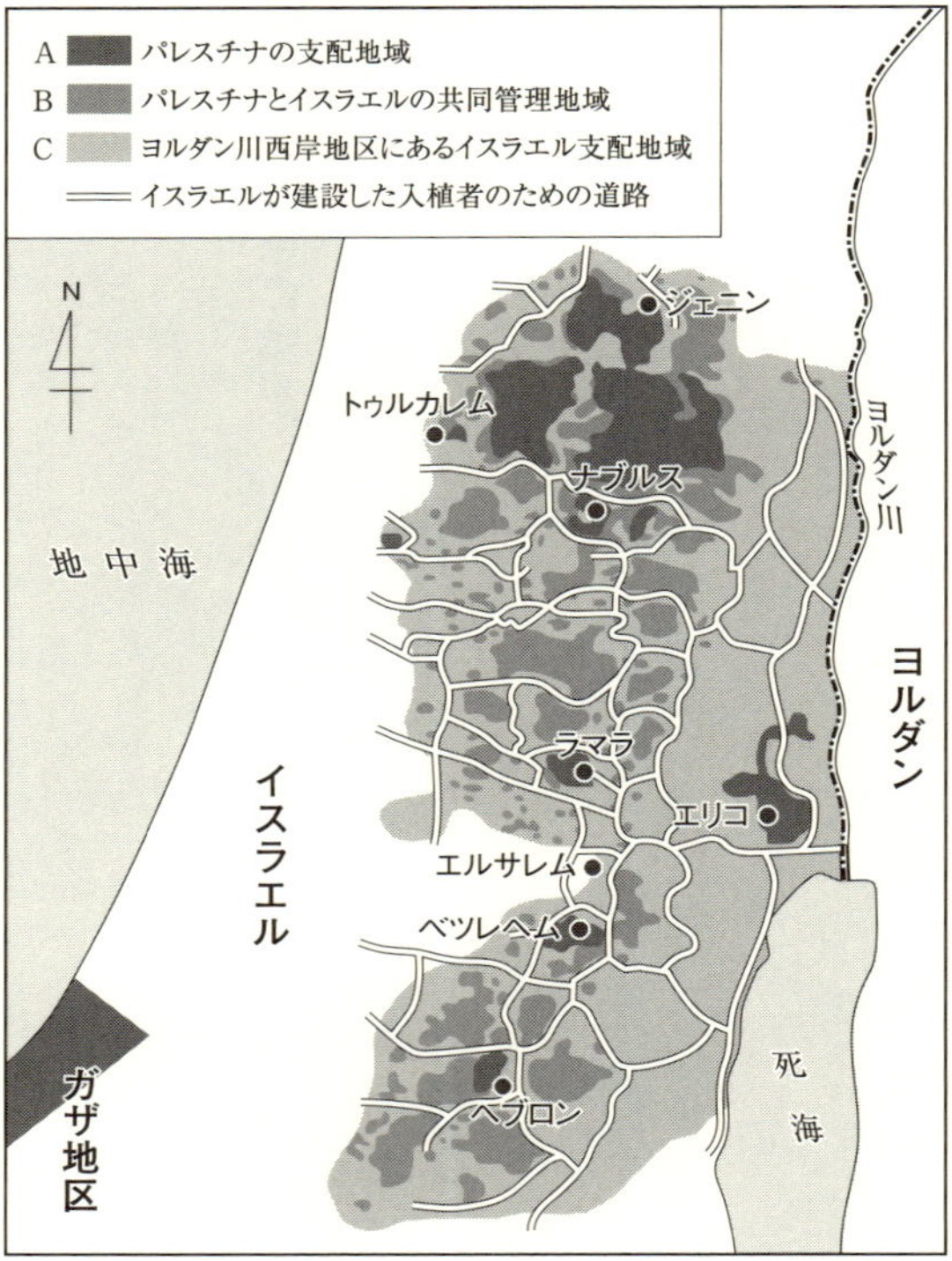

（イスラエル国家とパレスチナ自治区を合わせたエリア）で考えると、全体の４％以下の面積にしかなりません。さらに、難民の帰還権はまったく認められませんでした。パレスチナ人にとって、納得できる内容ではありません。当初の予定では、後の交渉によってエリアＡの地域を徐々に広くしていこうという構想だったのですが、早い段階から交渉は止まってしまいました。時とともに、多くのパレスチナ人はオスロ合意に対する失望感を味わいました。

一方、イスラエルの人々の認識は違いました。イスラエルの人々は、パレスチナ自治政府に対する不信感がありました。93年にオスロ合意を結び、それまで「危険なテロリスト」として扱ってきたアラファトを交渉相手と認め、ガザと西岸の一部（エリアA）を返還したことで、社会には「イスラエルは大変な譲歩をした」という意識が生まれていました。にもかかわらずパレスチナ側は要求を繰り返し、「テロ行為」さえ行う者もいる。彼らはどん欲で、こちらが気を許せばイスラエルの領土も奪われてしまうのではないか、という誤解に基づく怒りが広まったのです。中心都市のテルアビブなどでは、和平に反対するデモが繰り返されるようになりました。

また、第三次中東戦争以降に台頭してきた狂信的なユダヤ教過激派のグループも問題を深めました。第三次中東戦争では、イスラエルがあまりに鮮やかに勝利しました。戦争の期間はたった6日間です。そのため、このように考える人たちが出てきました。「神は6日間で世界をつくった。この戦争もイスラエルが6日間で勝利した。それは神の意志である」と。彼らは「占領した土地は、かつて神がユダヤ人に与えた土地であり、『占領地』ではなく『解放地』なのだ」と解釈します。そしてイスラエル政府の意向を無視して、ヨルダン川西岸で勝手に土地を占拠し、政府非公認の入植地を築くような人たちも現れました。

「解放地」をパレスチナ人に返す必要などない、と考えるユダヤ教過激派（宗教右派）のグループは、一部とはいえ占領地をパレスチナに返還したラビン政権を、「神に対する裏切り」

と猛烈に批判しました。１９９５年には、そのような過激なグループに属するユダヤ人青年によって、ラビン首相が暗殺されました。ラビンの死後、イスラエル社会や政治家から「パレスチナ側に譲歩するな」という声が強まり、和平は停滞することになります。

第二次インティファーダと「対テロ戦争」

２０００年9月、パレスチナ人の占領政策へのいら立ちが頂点に達する事件が起こります。[*1]アリエル・シャロンというタカ派の政治家が、１０００人の武装警官を引き連れて、エルサレム旧市街にあるイスラム教の聖地を訪問。双方が首都だと宣言しているエルサレムについて、「ここはすべてイスラエルのものだ」とスピーチするパフォーマンスを行いました。和平の停滞につけ込み、次期首相の座を狙う自らの存在をアピールする挑発行為でした。

改善されない占領状態に加えて、「シャロンに侮辱された」と感じたパレスチナの若者たちは投石を始め、イスラエル軍が発砲しました。こうして第二次インティファーダが始まります。問題の原因をつくったシャロンは、翌２００１年2月の選挙でイスラエル首相となり、より過剰な暴力でパレスチナ人を攻撃するようになります。

イスラエルに影響力を持つ米国政府は当初、イスラエルの軍事攻撃を批判していました。

しかし同じ2001年の9月に、米国のニューヨークとワシントンで、航空機のハイジャックによる同時多発テロ事件が起こります。米国のブッシュ政権は「テロとの闘い」を宣言し、アフガニスタンやイラクでの戦争に突き進みました。この動きを最も歓迎したのは、イスラエルのシャロン首相です。イスラエルでは、占領下のパレスチナ人によるどのような抵抗も「テロ」として扱ってきました。そのため「イスラエルはずっとテロとの闘いをしてきた。同時多発テロによって、ようやく米国や世界各国がテロと闘う重要性を理解してくれた」と語ったのです。

「テロリストの敵か味方か」という単純化された二元論が国際社会の主流になると、占領下のパレスチナ人による抵抗への共感は広がりませんでした。むしろ「テロ対策」の名の下で、過激な暴力を振るうイスラエルの姿勢を、米国はもちろん、国際社会が黙認するようになっていきます。

イスラエルによる暴力はパレスチナ人を追い詰め、パレスチナ人の暴力もまたエスカレートしていきました。第一次インティファーダのときは、パレスチナ側の主な武器は石か、せいぜい火炎瓶でしたが、今回は小火器やロケット砲などを使用する武装グループも登場しました。しかし、

＊1　アリエル・シャロン（1928〜2014）　第一次から第四次中東戦争まですべてに参加。1982年には国防大臣として、当時PLOが拠点を置いていたレバノンに侵攻する作戦を指揮。武装解除したレバノンのパレスチナ難民キャンプを包囲して、虐殺事件に加担する（サブラ・シャティーラ難民キャンプの虐殺事件）。犠牲者数は、700人台から3000人台と大きな開きがある。シャロンはその作戦の責任者として、パレスチナ人には悪名が高かった。

それでも戦車や軍用ヘリ、ジェット戦闘機など、最新の近代兵器を駆使するイスラエル軍の敵ではありません。圧倒的にパレスチナ人が追い詰められる中、自分の身体に爆弾を巻いてイスラエルのバスや街中でスイッチを押すという「自爆テロ」が激増しました。それにより、兵士だけでなく一般のイスラエル人にも多くの犠牲者が出ます。

イスラエル政府は、そうした「テロ」を放置しているとしてパレスチナ自治政府を非難。アラファト大統領を「敵」と宣言し、軟禁状態に置きました。さらに2002年になると、パレスチナの主要な町に大規模な侵攻作戦を行います。その際、公共施設や産業基盤などを徹底的に破壊、パレスチナの指導者を次々と暗殺します。そして多くの一般市民も逮捕、殺害されました。

そんな中、ヨルダン川西岸地区の北部にあるジェニン難民キャンプでは、イスラエル軍によって女性や子ども、老人や障がい者を含む数百人のパレスチナ人が虐殺される事件が起こります。国連でも問題になり調査団が結成されましたが、イスラエル政府は受け入れを拒否、被害の実態が明らかになることはありませんでした。事態がいったん落ち着いたのは、2005年に入ってからです。[*2] 第二次インティファーダでのパレスチナ人の犠牲者は、第一次インティファーダを上回る3000人以上になりました。そしてイスラエル側にも、兵士

*2　第二次インティファーダのさなか、2004年11月に、長年パレスチナ社会のリーダーを務めたアラファト大統領が死亡。2005年1月にはその後継者として、同じ「ファタハ」という派閥からマフムード・アッバスが大統領となる。2017年4月現在まで現職。

を中心におよそ1000人の犠牲者が出ました。

弟は自爆した

第二次インティファーダが始まったとき、22歳になっていたアーメド・ダラグメは、厳しい試練にさらされます。前のインティファーダを遥かに上回る、凄まじい攻撃だった。「あのときは、ディヘイシャ難民キャンプは至る所に死の影がつきまとっていたんだ」。

彼の発言通り、単に道を歩いていたり、家の中にいる普通の市民が撃ち殺される事件が相次ぎます。イスラエル軍が武装組織と市民とを区別せずに攻撃を続けたため、安全な場所はありませんでした。

そんなとき、衝撃的な事件が起こります。2002年3月、アーメドの弟であるモハメッドが、「自爆テロ*」を起こして死んだのです。モハメッドは当時、17歳の高校生でした。彼は身体に爆弾を巻きつけ、ユダヤ教徒の服装を羽織りました。そしてエルサレム市中心部のユダヤ神学校の近くに行き、ユダヤ教徒の間に紛れて自爆します。死者10人、負傷者50人を出す大惨事となりました。

前日の夜まで、モハメッドはアーメドの家で一緒に時間を過ごしていました。そのときは普段と変わった様子がなかったので、ニュースで事件を知った家族は絶句しました。アーメドの7歳年下のモハメッドは、いつもジョークを飛ばすイタズラ好きの若者だったと言います。高校では機械工のコースを学び、卒業後はその道に進むはずでした。

モハメッドは自爆する直前、「イスラム主義」を掲げる武装組織に加わって爆弾を手に入れました。しかしアーメドは、「弟は宗教色が強かったわけではない」と言います。「うちの家族は皆、宗教に熱心だったわけではないし、武装グループのメンバーでもなかった。親父は電力会社で働いていたので、貧困でもなかった。ただ、自爆の1年前にモハメドの親友が目の前で殺されたことで、彼の中で何かが変わったのかもしれない……」。

2001年に高校で授業を終えたモハメッドは、いつものように親友のモタズと連れ立って帰宅するところでした。ところが校門を出ると、いきなりモタズがイスラエル兵に射殺され、カバンを肩にかけたまま即死しました。アーメドは言います。「弟が自爆した本当の理由はわからない。でも、自分の周りでどんどん知人が殺されていく中で、自分が死ぬタイミング

＊ 「テロ」という言葉　日本のメディアでは、「自爆テロ」という言葉が使用されるが、英語では、爆弾と一緒に他人を巻き込んで爆死する行為は、一般的に「Suicide Bombing（自爆攻撃）」もしくは「Suicide Attack(自殺攻撃)」と表記され、言葉自体に「テロ」の意味は含まれない。テロとは、「政治的目的を達成するために暴力に訴えること」だが、対象者を犯罪者扱いする「テロ」という言葉の使い方をめぐっては、立場によって異なる見解がある。筆者は、パレスチナが占領下であるという特殊な状況を考慮した上で、兵士や軍隊に対する抵抗は「テロ」とは表記しないが（例えば「自爆攻撃」と表記）、非武装の一般市民を巻き込む攻撃は「テロ」であるという立場に立つ。

をイスラエル軍に決められるのではなく、自分で決めたいと思ったとしても不思議ではない」。モハメッドの死後、母親はそのストレスから高血圧と糖尿病を併発しました。現在も薬を飲み続けている母は、モハメッドの死を信じることができないままでいます。

集団懲罰

アーメドは、モハメッドが自爆した2カ月後に結婚します。24歳でした。もともと結婚の予定はありましたが、母親をはじめ、ショックを隠せない家族を幸せにするために長男が何とかしなければと考え、予定を早めたのです。しかし結婚式のわずか6日後に、今度はアーメドのいとこがイスラエル兵に射殺されました。いとこはごく普通の市民でした。

「テロリスト」の家族に対する軍による制裁も始まります。イスラエル軍は見せしめのため、自爆攻撃をした人物の家族や地域への集団懲罰を行っています。弟が自爆したアーメドの一家は、そのターゲットになりました。実家には常に兵士が出入りするようになり、弟の部屋はダイナマイトで爆破されました。また、弟の写っている写真など、彼にまつわるものすべてを捜索して、影も形もなくなるように破壊し尽くしました。部屋だけでなく、モハメッドに関する記憶もなくそうというのです。

「子どもたちに自分のような思いをさせたくない」と語るアーメド・ダラグメとディヘイシャ難民キャンプ（遠景）

報復はそれで終わりません。２年後の２００４年には、独立して家を建て長男のムハマッドも産まれていたアーメド一家を、イスラエル兵が襲います。ちょうど母の日のお祝いで、家族みんなが集まっている日でした。兵士は、何ひとつ持ち出せない状態で全員を家から追い立て、「弟が自爆した罰だ」と宣言して、新築した家を徹底的に破壊しました。アーメドに残されたのは、家から追い出されたときに身につけていたタンクトップと短パン、サンダルだけでした。その後、何から何まで買いそろえないといけなくなりました。

破壊されたアーメドの家は、親戚や仲間たち、そしてアーメドが勤めているＮＧＯ「パレスチナ・ビジョン」の協力で再建されました。しかし翌２００５年には、再びイスラエル軍が押し掛けます。朝の６時に爆弾の破裂音で叩き起こされたのです。アーメドは言います。「『降伏して出てこい！』と言いながら家の前で銃を乱射したんだ。抵抗していないのに、何を降伏すればいいのかって混乱したよ」。

妻と子どもを守るため、アーメドは狙撃される恐怖につつまれながら、手を上げて外に出ました。するとアーメドの白いシャツは、銃の照準を合わせる無数の赤いライトで照らされました。大勢の兵士に銃を向けられていたのです。兵士たちは、別の弟のアラを探していました。はっきりしたことは不明ですが、アーメドはモハメッドの事件に関係する嫌がらせだと推測しています。

アーメドが「アラを連れてこい」と言う兵士の要求を断ると、11歳のときにされたように、手を縛られて尋問室に連行されました。そして再び拷問を受けます。アーメドは数日後には家に帰されましたが、その後アラは逮捕され、4年間投獄されることになりました。

アーメドの再建された家は現在は無事ですが、一度破壊された土地に家を建てることは許可されていないため、いつまた破壊されてもおかしくない状態が続いています。

人生には生きる価値がある

アーメドは現在、3人の子どもの父親となっています。第二次インティファーダが始まった22歳のときから働いているNGO「パレスチナ・ビジョン」は、パレスチナの子どもや若者をサポートしている団体です。アーメドは、そのベツレヘム支部の責任者として、若者たちにリーダーシップやコミュニケーションについてなど、さまざまな経験の場を提供しています。彼は将来的には、学校や病院の不足を解消するため、キャンプの子どもたちを対象にした学校や移動式の診療所をつくりたいという夢を持っています。

アーメドは言います。「子どもたちが少しでも、ぼくの子ども時代よりも明るい未来を感じられるようにしたいんだ。でも占領のせいで、子どもや若者の夢や希望、魂までもが奪われるような事態が続いている。ぼくたち大人が、それを変えていかないといけない」。

アーメドの心には、いつも弟のモハメッドのことが浮かんできます。「弟の事件があったからこそ、ぼくは若者にちゃんと教育をしていきたいんだ。キャンプの生活は本当にひどいけれど、それでも命を捨てずに生きていって欲しいから。子どもたちに、どんなに過酷な現実があったって、『人生には生きる価値がある』と伝えていきたいんだ」。

幾多の困難を乗り越えてきたアーメドは、「暴力では決して社会は変わらない」と信じています。そして、また多くの若者の命が奪われるに違いない「第三次インティファーダ」を絶対に起こしてはいけないと思っているのです。

6

ガザ

空爆は突然やってくる

イスラエルの攻撃により破壊された救急車と市街地
(2014年、ガザのシュジャイヤ地区にて Photo by Boris Niehaus)

空爆にさらされたリマス

これまでは主にヨルダン川西岸地区の状況を取り上げてきましたが、もうひとつのパレスチナ自治区であるガザでは、何が起きているのでしょうか。ガザは2008年以降、イスラエル軍により三度にわたる大規模な空爆が行われました。特にひどかったのが2014年の攻撃です。

その空爆に巻き込まれた少女がいます。ガザのゼイトゥーンという町に住む、5歳のリマスです。彼女の家族は、爆撃音で目を覚ましました。近所にミサイル攻撃が続いたため、避難できないままリマスと姉は重傷を負ってしまいます。リマスは爆弾の破片が右頭部を突き抜けて頭蓋骨の一部を損傷しました。しかし攻撃が続いていたため、救急車が到着するまで何時間も待たされてしまいました。その後、4回にわたる頭骸骨手術を受けたものの、左半身に麻痺が残り、複数回の手術を経験しました。また筋力を強める高価な薬が必要となり、両親は借金をしなければなりませんでした。

またリマスの姉であるダリア(9歳)は、飛散した爆弾片で体中を負傷してケロイドができ、整形手術が必要な状態です。しかしガザではその手術ができず、ガザとイスラエルの間の検問所が閉ざされているため他国での治療も受けることができません。そんな中でリマスは、理学療法に励んだことや適切な医療支援を受けたことで、バランスは悪いもののようやく歩くことができるようにまで状態が改善してきています*（２０１６年末現在）。

リマスの話は決して特殊な例ではありません。２０１４年のガザ攻撃だけで、少なくとも５４０人以上の子どもが亡くなりました。負傷した子どもたちはその数倍にのぼります。重傷の子どもはガザの外に出て緊急手術を受けますが、その後はガザから出られず、リハビリやケアを受けることができません。医療設備がなく、封鎖により薬も入ってこないガザでの処置には限界があり、回復が遅れたり、障がいが残ったりしてしまいます。

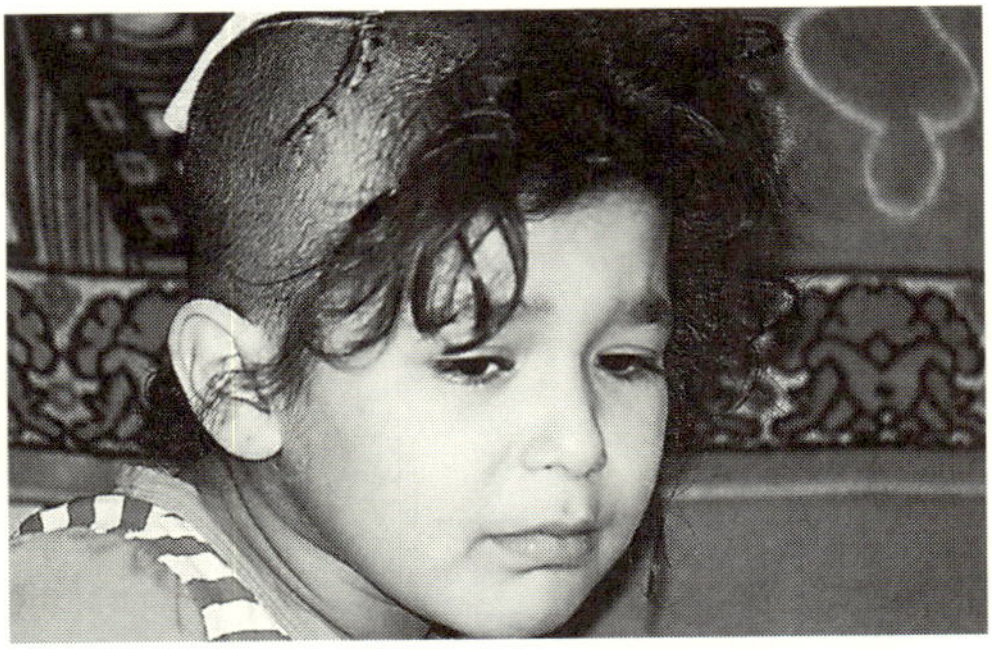

空爆で傷ついた少女リマス（©パレスチナ子どものキャンペーン）

さらに、負傷者には数えられていませんが、一見すると無傷に見える子どもたちも、爆撃の恐怖や家族が死亡あるいは負傷したことで心にトラウマを抱えるようになりました。攻撃の後に

＊　日本のNGOであるパレスチナ子どものキャンペーンは、リマスの姉妹をはじめガザ攻撃で被害を受けた子どもたちへの医療支援を続けている。

過度に敏感になり、夜中に叫んだり悪夢を見るようになった子どもが大勢います。ユニセフ・パレスチナ事務所は、緊急に心のケアが必要とされる子どもは37万人以上にのぼるとしています。

なぜこの子たちの上に爆弾が落とされたのでしょうか？　そして、今も必要な処置をできないほど物資がないのでしょうか？

地図11　ガザ地区

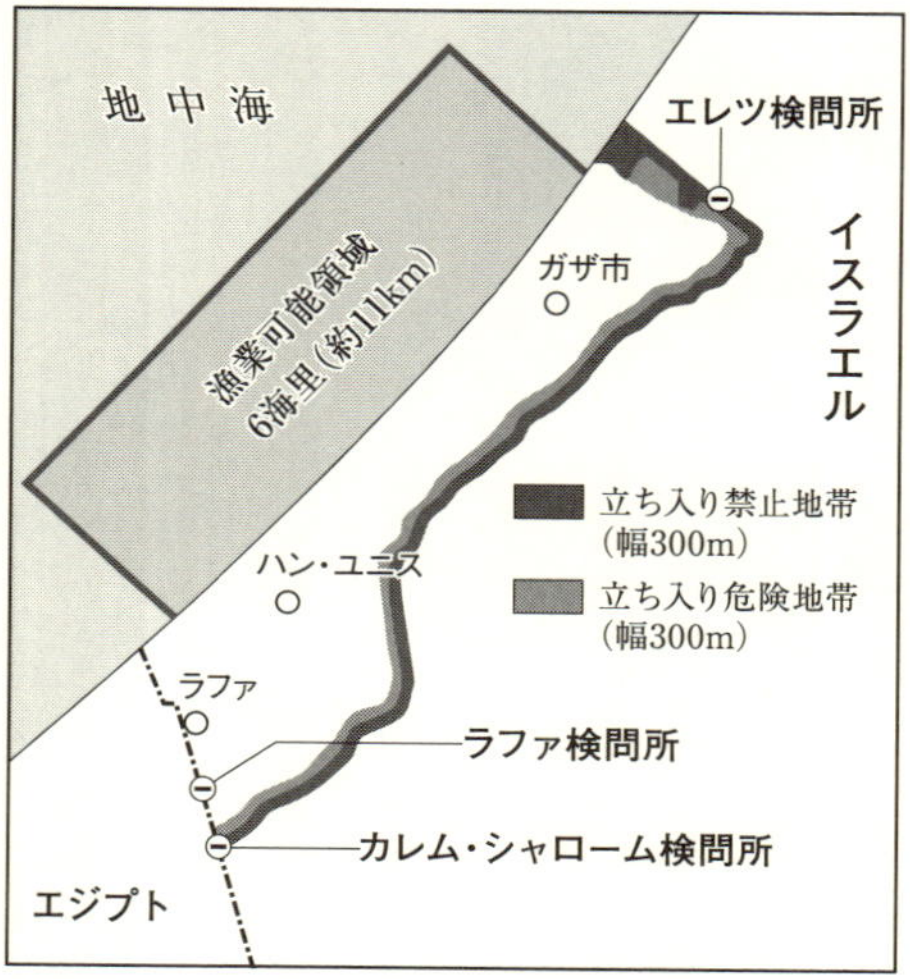

ガザ地区。海上には常にイスラエルの巡視船がいて、イスラエル政府により漁業可能領域は狭く設定されている。また耕作地の25％が立ち入り禁止地域に設定されている

天井のない牢獄

ガザ地区の現状を、地図で確認しましょう（地図11）。ガザ地区は地中海に面し、イスラエルとエジプトの間にある、南北に10キロ、東西に40キロという狭いエリアです。人口はおよそ１８５万人で、そのうち70％の１３５万人が故郷を追われた難民とその子孫です。

ガザは西岸地区と同様、1967年にイスラエルの占領下に置かれました。ガザは90年代半ばから徐々に周囲と隔絶され、その後たった一つの検問所（エレッ）を通じてしかイスラエルと出入りができない環境に置かれています。[*1]

大きな産業のないガザでは、ほとんどの人はイスラエル側に働きに出る必要がありました。しかし外泊は許されず、人々は毎日、検問所で長時間並んで通勤していました。ところが第二次インティファーダ以降、検問所はほとんど閉ざされてせっかく得た職を失ってしまいました。隔離された息の詰まるような閉塞感の中、ガザはいつしか「天井のない牢獄」と呼ばれるようになります。

第一次インティファーダがガザから始まったのも、ここが特に過酷な環境だったということが関係しています。第一次インティファーダをきっかけにガザで誕生したのが、「ハマス[*2]（イスラム抵抗運動）」という組織です。1990年代に入ると、アラファト率いるファタハは、イスラエルと交渉して和平を求める方針をとりました。しかしハマスはそれに反対して、「難民が故郷に帰るまでイスラエルと闘い続ける」と宣言、武装闘争路線をとります。

オスロ合意は、難民問題よりもパレスチナ国家樹立を優

*1　出入り口は他にもエジプト側に二つ（人間用と物資用）あるが、エジプトは米国とイスラエルからの要請により基本的には封鎖を続けている。

*2　ハマスは、エジプトのムスリム同胞団のパレスチナ支部を母体として、1987年12月に設立された組織。2017年3月現在、ムスリム同胞団と対立するエジプトの軍事政権はハマスを「テロ組織」と指定するなど、エジプト政府とハマスとの関係は非常に悪化している。

空爆で破壊されたガザの市街地と子どもたち（©パレスチナ子どものキャンペーン）

先するものでした。難民出身者の多いガザの人々にとっては、自分たちが置き去りにされたという思いもありました。ハマスはその点を強調したのです。しかし武装闘争という方針により、ハマスは欧米諸国から「テロ組織」に指定されました。

確かに私たちが目にするハマスの映像は、黒い目出し帽をかぶり、銃を手にしてイスラエルへの報復を叫ぶ、恐ろしげな集団に見えます。実際に民間人を標的にしたロケット攻撃など、戦争犯罪と呼べる行為も続けているので、その認識は間違いとは言えません。

しかしハマスが設立された当初は、別の側面も持っていました。ハマスはもともと貧困層の中から、パレスチナ人の権利を取り戻そうと設立された背景があります。そのため教育や福祉に熱心で、ガザでは学校や病院を運営し、貧しい家庭の子どもたちには無償で教育を受けさせました。ガザの人々からすれば、地域のＮＰＯとしての役割を果たしてきたという面があるのです。

また、ファタハは金銭面で汚職が多く評判が悪かったのですが、ハマスは比較的汚職がありませんでした。そこでガザでは、アラファトよりも自分たちの思いをわかってくれると考え、ハマスを支持する人々が増えたのです。

パレスチナ分裂とガザ封鎖

第二次インティファーダが沈静化してしばらくした2006年1月、パレスチナ自治政府の総選挙が行われました。そこでハマスは、パレスチナ議会の過半数を獲得する勝利を収め、第一党となります。パレスチナの民衆がハマスに投票した理由には、それまで自治政府をにぎっていたファタハへの批判票もありました。ファタハが中心となった自治政府がオスロ合意を進めたものの、状況は良くならなかったからです。

欧米諸国は、パレスチナに民主的な選挙を要求しておきながら、結果として予想していなかったハマスが勝利したことで態度を変えます。「ハマスによる政権は認められない」と、パレスチナへの支援凍結を決めました。

パレスチナ内部でも、ハマスと対立するファタハが選挙結果を不服として、両者は衝突。翌2007年には、ヨルダン川西岸地区をファタハが、ガザ地区をハマスが支配するという形で、パレスチナ自治政府は分裂することになりました。パレスチナの政治勢力同士が争うようになったことは、パレスチナの住民にとって悲劇*でした。

ハマスが実行支配するようになったガザには、欧米からの支援が絶たれただけでなく、イスラエルによる「軍事封鎖」が始まります。ハマスを支持した人々への集団懲罰として、検問所を通じた人や物の出入りを原則として禁じました。これによりイスラエル側に働きに出ていた男性は、完全に失業しました。また、医薬品、食料、燃料など生活必需品が圧倒的に不足しました。イスラエルは「ハマスに物資が渡るのを防ぐため」としていますが、ガザの人々は、生まれたばかりの赤ん坊のためのミルクやおむつさえ入手することが難しくなりました。

これに対してガザでは、エジプト側にトンネルを掘って物資を流通させますが、イスラエルは「トンネルから武器が密輸されている」として、空爆によりトンネルをつぶします。トンネルは何度つぶされても、また新たに掘られました。しかし、トンネルを通じて運ばれた物資は経費がかかり、一般の人には高すぎて簡単には手に入れることができません。そんな

＊　ガザの実効支配を始めてからのハマスは、反対意見の人を弾圧するなど強権的なやり方が批判されている。

状況の人々に、イスラエル軍は攻撃を行いました。

三度のガザ戦争

ガザでは、狭いエリアに八つの難民キャンプを含めた町が集中しています。そのためガザの難民キャンプの人口密度は、世界最大とも言われています。[*1] 子どもの割合はとても多く、人口の半数以上が18歳以下の子どもです。そのようなエリアに爆弾を落とせば、一般市民、しかも子どもが大量に犠牲になることはすぐにわかります。

イスラエル軍は、ガザ地区からハマスによるロケット弾攻撃があったことを理由に、[*2] 2008年から2014年までの間、6年間で三度の大規模な空爆と軍事侵攻を行いました。これは、「ガザ戦争」と呼ばれています。戦争というと、国家間の軍隊同士の衝突や、「対テロ戦争」のようなテロリストとの戦いという印象がありますが、ガザの場合はニュアンスが違います。軍隊による空爆、地上軍の侵攻と破壊、武装勢力との戦闘など一

*1　例えば、ガザ市中心部になるアルシャティ（ビーチ）難民キャンプには、0.54平方キロメートルの土地に8万7000人が居住している（2014年）。この人口密度は、東京23区で最も人口密度が高い豊島区の7.56倍にあたる。

*2　イスラエル政府は、攻撃の理由をハマスによるロケット弾攻撃だとしてきたが、2008年の空爆前の半年間は、ハマスはロケット弾攻撃をしていない。また、2014年の攻撃の理由のひとつとされたイスラエル人少年の誘拐事件についても、ハマスによるものとは証明されていない。ハマスは停戦に合意する理由として軍事封鎖の解除を要求してきたが、イスラエル政府は拒否し続けている。

連の軍事行動を総称する言葉として、ガザ戦争という名称が一般的になっています。

最も被害の大きかった2014年夏の戦争では、死者2251人、負傷者11000人以上が出ました。死者のうち民間人は1462人、その3分の1以上となる551人は子どもでした。また、18000戸以上の家屋が全壊または半壊し、ピーク時には人口のおよそ30%にのぼる50万人が住む場所を失い避難民になりました。イスラエル政府は、「テロリストの拠点を攻撃した」「一般人の被害者は少ない」と報告していますが、いずれの攻撃でも、一般市民の犠牲者が武装勢力の犠牲を遥かに上回りました。*3 一方、ハマスのロケット弾攻撃などによるイスラエル側の死者は9割以上が兵士で、72人（民間人6人）でした。

この空爆や侵攻では、教育施設や医療施設といった、武装勢力とまったく関係のない施設への攻撃が相次ぎました。人々が避難していた国連の運営する学校に、10日間で三度も爆撃が行われたこともその一例です。国連施設への攻撃を受けて、国連の潘基文《パンギムン》事務総長は「受け入れがたい攻撃」で「国際人道法違反だ」と批判しました。また、発電所や給水塔などのインフラ設備もターゲットになったため、その後の生活再建がさらに困難になりました。*4

*3　2008年12月〜2009年1月の攻撃では、パレスチナ人の死者1400人のうち65%にあたる900人以上が民間人。その3分の1が18歳以下の子ども。同期間のイスラエル人死者は13人でうち民間人は3人。

*4　2014年の被害の一部として、73の病院と診療所、250の学校や幼稚園などの教育施設が損壊、約7000発の不発弾が残るなどといった状態が報告されている。また、封鎖のため木材、鉄、肥料、医薬品などの多くが、「軍事目的に転用される」として持ち込みを制限され、復興は進んでいない。数値は国連人道問題調整事務所（OCHA）や国連人権委員会の報告書などによる。

軍事封鎖は停戦後も続き、建築資材の多くをガザに入れることができないままでした。そのため家やインフラの建設だけでなく、瓦礫の撤去すらできない状態が続きました。攻撃から2年以上が経つ2016年末現在で、およそ9万人が避難生活を続けています。

いつ空爆されるかわからない

アラ・アルファラ（15歳）は、ガザの南部にあるハンユニスという町に暮らす中学生です。父と母、3人の妹と生後6カ月の弟の7人家族で、小さな家に住んでいます。お父さんは学校の先生ですが、毎月給料がもらえるわけではありません。

アラは生まれてからこれまで、すでに三回の戦争に巻き込まれました。一番ひどかったのは、2014年の戦争でした。「空爆で近所の家2軒が破壊されました。ぼくは怖がる妹や弟たちをなだめようとしていたけれど、ぼく自身もすごく怖かったです」。

電気や水道はほとんど止まりました。家を失った祖父母や他の親類はアラの家に逃げてきたため、小さな家で30人が寝泊まりしなければならなくなります。入りきらない人たちは、戦争中でも家の外の道で過ごしました。そして51日間続いた攻撃が終わったとき、親戚が12人も亡くなっていたことがわかりました。数年ごとに大規模な攻撃を経験してきたアラは、

アラ・アルファラ（2015年8月、©パレスチナ子どものキャンペーン）

軍がいったん撤退しても安心することはできません。心のどこかで、またあの恐ろしい爆撃が始まるのでは、という恐怖心を抱えています。

アラは言います。「戦争はいつも突然始まります。今こうして話している間にも、空爆されるかもしれません。ガザの問題は、ぼくたち子どもの安全が守られないことです。外で遊んでいる子どもたちがいた所に、ミサイルが飛んできて殺されました。自分もいつ同じように命を奪われるかもしれないと想像してしまいます*」。

＊　2014年7月、ガザの海岸でサッカーをしていた9歳から10歳の4人のパレスチナ人少年が、イスラエル軍の空爆により殺害された。ガザでは大規模な攻撃時に限らず、イスラエル軍の攻撃によって子どもたちの命が奪われる事態が相次いでいる。

生活を圧迫する軍事封鎖

問題は戦争だけではありません。停戦後も続く封鎖のため、アラは欲しい物をめったに手に入れることができません。市場でたまたま見つけても、値段が高すぎて買うことができないのです。電力や燃料は、いつも不足しています。夜はたいてい停電するので、ろうそくを灯している家庭もありますが、それによって火災になり死亡事故も起きています。

アラはできるだけ昼間に勉強して、夜は停電を見越して電気がついたときだけやるようにしています。アラのお母さんは、電気が使える昼間にできるだけ家事をこなします。終わらない場合は夜中に起きて、電気が復旧したときに洗濯機などを回します。アラは言います。「こんな生活に慣れようとしても大変です。みんながいつでも電気の使える生活を夢見ています。ぼくたちは、封鎖のせいで何年も苦しんでいます」。

ガザの経済状況は、封鎖が始まってから悪化し続けています。失業率は世界で最も高い水準となる43%で、特に若者の失業率は60%を超えています。1日1ドル程度の貧困ラインで暮らす家庭が80%にもなりました。多くの子どもには栄養失調が見られ、国連の援助でかろうじて生き延びている状況です*。

子どもが働かなければ暮らせない家庭も増えています。アラの親友たちもほとんどが学校から戻るとすぐに働きに出るので、一緒に遊ぶことはできません。ある友だちは道路や店で物売りをしています。学校が休みの日は一日中働いているので、勉強に集中することはできません。

* Euro-Mediterranean Human Rights Monitorの調査による（2016年3月時点の数値）。

数字だけで見ると、世界の他の場所にも失業率や貧困率の高い地域はあります。しかしガザのように、すぐそこにある物資が人為的に止められて苦しんでいるような地域は、世界のどこにもありません。

アラの憩いの場所

ガザの外に出られない子どもたちにとって、開放感が得られる唯一の場所は海岸です。アラにとっても、家族でビーチに出かけることが一番の楽しみになっています。

アラにはもうひとつ、ストレスを発散できる場所があります。それが「ナワール児童館」です。ここは、日本のＮＧＯ「パレスチナ子どものキャンペーン」*1の支援で２００６年に開設された、子どもたちが自由に遊べる施設です。運営は地元の女性たちが担っています。児童館では、劇やお絵かき、心理カウンセリングなども実施していて、子どもたちのやりがいや成長を支えています。

アラは、６歳から12歳までここに通う子どもでした。そして成長した現在は、他の子どもたちを支援するボランティアのリーダーとして関わっています。アラは言います。「ナワール児童館は、子どもが遊んで楽しむという、当たり前のことができる場所です。ぼくは絵を

*1　パレスチナ子どものキャンペーン　日本の国際協力NGO。1986年以来、パレスチナ自治区のガザやヨルダン川西岸、レバノン国内のパレスチナ難民キャンプで、現地NGOと協働しながら主に子どもたちの支援事業を展開している（10章参照）。

描くことで自分の感情を表現できることが楽しみでした。ガザに住む子どもは、つらいことばかり経験しています。だからここに通う子どもにとって、楽しい思い出のほとんどはこの児童館での体験になっています」。

アラは、世界の人たちが行動を起こしてくれることを期待して、こう言います。「ぼくは、外の世界にいる人たちがガザのことを知っていると思いたい。ガザがどれほどひどい状況かということや、ぼくたちがどれほど苦しんでいるのかということを」。

ナワールで伝統的な結婚式の演劇に参加するアラ（右端）
（©パレスチナ子どものキャンペーン）

2016年末現在、ヨーロッパに押し寄せる大量のシリア難民の陰に隠れて目立たないものの、ガザから命がけでヨーロッパに脱出する人たちも増えています。希望のないガザから離れ、粗末なボートに家族で乗り込んで地中海を渡っているのです。しかしそのボートのいくつかは沈没したり、ガザ周辺の制海権を握るイスラエル軍に拿捕され、子どもたちも犠牲になっています。また、ガザでは若者の自殺者数が増加しているという報告もあります。[*2] 軍事封鎖と断続的な攻撃が、ガザの人々を日に日に追いつめています。

※6章は、NPO法人 パレスチナ子どものキャンペーン、及び同団体のガザ担当スタッフである川越東弥（はるみ）、手島正之の両氏から情報提供をいただきました。

■コラム② なぜ「ホロコースト犠牲者の国」が、パレスチナ人を迫害するのか？

パレスチナの話をすると、必ずされる質問があります。「ホロコーストでひどい目にあったユダヤ人のつくった国が、なぜパレスチナ人に同じようなことをするのか？」というものです。迫害されるユダヤ人少女「アンネ・フランク」のイメージと、「ガザ攻撃」で子どもたちを犠牲にする現在のイスラエル政府とがどうしても重ならないということでしょう。

その違和感は間違っていません。答えは、ホロコーストで犠牲になったユダヤ人と、イスラエルをつくったシオニストとは、別の存在だからです。問題は、その「ホロコースト犠牲者の国」というイメージをイスラエル政府が外交戦略として徹底的に利用し、自国への批判を封じたり、ドイツなどから多額の補償金を得てきたこと

＊2　2016年にガザの自殺者はさらに増加した。2013〜15年の3年間の平均の自殺数と自殺未遂は月平均25〜30人だったが、2016年の1月、2月はそれぞれ80人になっている（Euro-Mediterranean Human Rights Monitorの調査による2016年3月時点の数値）。

にあります。

シオニズム運動によってパレスチナへの移民が始まったのは、ドイツでナチスが台頭する40年近く前のことです。シオニズムのきっかけが、ヨーロッパのユダヤ人迫害事件だったことは述べました。しかし、「他人の土地に押し入り、自分たちの国をつくる」というシオニズム運動は、当時のヨーロッパで主流だった植民地主義そのものです。

それを進めたシオニストは、当時のユダヤ人社会の中で少数の急進派でした。「差別はなくならないし、同化することはできない」と信じてパレスチナへの移住を呼びかけた彼らの目には、いつまでもヨーロッパに残ろうとして犠牲になった多数派のユダヤ人の行動は、愚かにさえ映っていたのです。

ホロコーストが行われていた最中、シオ

西エルサレムにある国立ホロコースト記念館（ヤド・ヴァシェム）の入り口。イスラエルのユダヤ人は、ここでホロコーストを「ユダヤ民族の悲劇」として繰り返し学ぶ。

ポーランドにあるアウシュビッツ強制収容所跡地。現在は、博物館として世界に歴史の教訓を伝える場所になっている。ここでは、ホロコーストを「ユダヤ民族の悲劇」としてだけではなく、「人類の悲劇」として伝えている

ニスト指導者にとっての関心事は、ユダヤ人の命を救うことではなく、イスラエル建国に役立つ人間を連れてくることでした。のちにイスラエル初代首相となったベングリオンは、1938年にイギリスで行われた労働シオニスト会議でこのように語っています。「ドイツ[*1]にいる（ユダヤ人の）子どもたち全員をイギリスに送って助けるのと、その半分の人数をイスラエルの地に連れてくるという選択肢があるならば、私は後者を選ぶ」。

シオニスト指導部が、ナチス・ドイツと協力していたことも明らかになっています。「ヨーロッパからユダヤ人を追い出したい」ナチスと、「パレスチナに移民を増やしたい」シオニストとは、利害が一致していました。世界シオニスト機構とナチスが

*1　出典 Yoav Gelber, *Zionist Policy and the Fate of European Jewry* (1939～42).

結んだこの協定（ハーヴァラ協定）によって、経済的に豊かなユダヤ人が優先してパレスチナに移送されることになりました。移送のための協力関係は、第二次世界大戦末期まで続き、富裕な移民の資金は、建国後のイスラエル経済を支えることになります。その陰で、資金のない多くのユダヤ人は強制収容所などに送られました。

また、戦後になってイスラエルに渡ってきたホロコースト生還者に対して、シオニストは冷淡に扱っています。シオニストの多くは、自らの権利を勝ち取るためには武装して戦うべきだと考える武闘派でした。そのためナチスに抵抗したユダヤ人を賞賛する一方で、大きな抵抗をせず、「おとなしく」強制収容所に送られていった人たちに対しては軽蔑のまなざしを向けました。

それを象徴するかのように、建国後のイスラエルでホロコースト生還者はさまざまな蔑称で呼ばれていました。「難民」「不良品」「廃棄物」「死に損ない」、そして「石けん」などです。イスラエルの言葉、ヘブライ語では石けん（サボン）には俗語で「弱虫」という意味があります。[*2]

しかし1960年代以降、ナチスドイツによるホロコーストの実態が世界的に知られるようになり、政治的に利用できると指導部が判断すると、「イスラエルはホロコースト犠牲者の国である」[*3]と内外

*2 出典 Hanna Yablonka, *Survivors of the Holocaust :Isreal after the War.* Michael R. Marrus, *Lessons of the Holocaust.*

に宣伝するようになっていきます。イスラエルに多くのホロコースト生還者が暮らしてきたのは事実ですが、彼らが大変な被害を受けたことと、シオニズムを正当化するイスラエル政府がパレスチナ人などへの人種差別や迫害を続けていることとは、分けて考える必要があります。

イスラエル軍が、ガザ地区に激しい攻撃を繰り返していた最中の2014年8月、そのようなホロコーストとシオニズムの関係を象徴する出来事が起こります。世界のホロコースト生還者38人と生還者の子孫、親族らおよそ300人が、イスラエルによる攻撃を非難し、人々に行動を求める声明を発表したのです。同じ文面は、米国のニューヨークタイムズ紙などに意見広告として掲載されました（106ページ）。声を上げたホロコースト生還者たちは、イスラエルがパレスチナ人を殺すことを正当化するために、ホロコーストを利用するのは許せないと言っています。そして「ジェノサイド（集団殺戮）は、世界が沈黙することによって始まる」と人々に行動を呼びかけました。

イスラエル政府は、「ホロコーストは二度と繰り返してはいけない」と訴えてき

＊3　このイスラエル社会の変化には、1961年にイスラエルで元ナチス幹部のアイヒマンを裁く裁判を行った際、ホロコースト生還者の証言が初めて公に語られたという出来事も関係している。それによってイスラエル社会でもホロコーストについて、多くの人が認識するようになった。そして世界中が注目するこの裁判で、イスラエルは「ホロコースト犠牲者の代弁者」という地位を確立していった。

ました。一般的にこの言葉は、「誰の上にも二度と繰り返してはいけない」という普遍的な意味だと受け取られています。しかし、イスラエル政府はそう教えていません。「(ユダヤ人の身に対してだけ)二度と繰り返してはいけない」というものなのです。そしてユダヤ人の安全保障を優先するために、パレスチナ人への攻撃を正当化しています。

ホロコースト生還者たちは、そうしたイスラエル政府のあり方を批判しています。「『二度と繰り返さない』というのは、『誰の上にも二度と繰り返さない』ということを意味するのだ!」と。

ナチスのジェノサイドの生還者、および生還者と犠牲者の子孫たちは、ガザにおけるパレスチナ人の集団殺戮を全面的に非難する

ナチスのジェノサイドの生還者として、また生還者および犠牲者の子孫として、私たちは、ガザにおけるパレスチナ人の集団殺戮と、歴史的パレスチナの継続する占領および植民地化を全面的に非難する。私たちはさらに、合衆国がイスラエルに対し、この攻撃を行う資金を提供していること、そして、西洋諸国がより広範に、イスラエルを非難から守るためその外交手腕を利用していることを非難する。ジェノサイドは、世界が沈黙することによって始まる。

（中略）

さらに、イスラエルが総力を挙げてガザを破壊し、何百名もの子供を含む2000人近くものパレスチナ人を殺害しているという、決して正当化しえないことを正当化しようとしてエリ・ヴィーゼルが、露骨な嘘を広めるべく、これらの紙面で私たちの歴史を悪用していることに対し、私たちは嫌悪と怒りを覚える。国連のシェルターや家や病院や大学を爆撃するのを正当化できるものなど何一つ存在しない。人々から電気や水を奪うことを正当化するものなど何一つない。

私たちは、私たちの集団的声をあげ、現在進行中のパレスチナ人に対するジェノサイドを含むあらゆる形態のレイシズムを終わらせるために私たちの集団的力を行使しなければならない。私たちは、ガザに対する封鎖を即時、終わらせることを訴える。私たちは、イスラエルに対する全面的な、経済的・文化的・アカデミックボイコットを訴える。「二度と繰り返さない」というのは、《誰の上にも二度と繰り返さない》ということを意味するのだ！

著者：IJAN: International Jewish Anti-Zionist Network
翻訳：岡　真理　原文公開2014年8月

※声明文中に登場するエリ・ヴィーゼルは、ホロコースト生還者でその体験をつづった自伝小説により、ノーベル平和賞を受賞した作家。ガザ攻撃については、ハマスを非難し、イスラエルを擁護する意見広告をイスラエルの新聞などに掲載していた。

7

イスラエル市民は なぜ攻撃を支持するのか？

訓練を前にしたイスラエル国防軍の旅団
（2011年6月、Photo by Israel Defense Forces）

戦うユダヤ人

死海南部の砂漠地帯に、世界遺産のマサダ遺跡があります。およそ2000年前、ローマ帝国に反乱を起こした967人のユダヤ人がこの切り立った崖の上にある要塞に立てこもり、抵抗したとされています。激しい戦いの末、追いつめられたユダヤ人は集団自決を選び、7人の女性と子どもを残して全滅します。マサダのユダヤ人が残した「生きて奴隷になるより死を選ぶ」という勇壮なメッセージは、今日でも「戦うユダヤ人」のシンボルとなっています。世界中にユダヤ人が離散したとされるのは、この後からです。

このマサダの頂上では現在、イ

マサダ砦（©Andrew Shiva）

スラエル国防軍の入隊式が行われています。新兵はここで、イスラエル建国の合い言葉でもある「マサダは二度と陥落しない」と宣誓します。これはユダヤ人の悲劇を繰り返さないために、命がけで敵と戦うという決心です。

１９４８年の建国直後からずっと紛争を繰り返してきたイスラエル国民は、強烈な国防意識を植え付けられています。周囲をアラブ諸国という「敵」に囲まれた環境は、マサダに立てこもったユダヤ人と同じような心境をもたらしました。そして「一度戦争に敗れるとユダヤ人は滅亡する」という強迫観念は、エジプトやヨルダンと和平条約を結び、軍事的脅威がほとんどなくなった現在も、イスラエルのユダヤ人の間では共有されています。過剰な国防意識は、イスラエルが中東で唯一の*核兵器保有国であることにも表れています。

ユダヤ系イスラエル人は、高校を卒業すると男性は3年、女性は1年9カ月の兵役義務が課せられます。また兵役が終わっても45歳までは予備役兵として、年に1カ月の軍務をこなします。女性も含めて兵役義務がある国は、世界中でイスラエルをはじめごく少数です。

イスラエル国防軍はその創設以来、「世界で最も道徳的な軍隊」という理念を掲げてきました。占領地の実態

＊　イスラエルの核保有　イスラエル政府は、公には保有しているとも、していないとも発言していない。しかしイスラエルが核兵器を200発以上保有していることは、国際社会の常識となっている。中東でイスラエルだけが核兵器を持ち、軍事的優位を保っているという事実は、中東に大きなリスクをもたらしている。事実、かつてのイラクやリビア、現在のイランなどが核兵器開発を行っているとの疑惑が出た背景には、イスラエルの核への対抗心があったとされる。

を見ればそれが事実でないことは明らかですが、誰もが兵士になる社会では、「国防軍と国民は一体」であり、軍のあり方そのものへの批判はタブーとされています。そのような国防意識の高いイスラエル社会では、国内の問題については意見が合わなくても、対パレスチナや対イランといった安全保障に関する議論では団結する傾向があります。それがガザ攻撃を始め、パレスチナ人への攻撃が支持される理由の一端にもなっています。

95%がガザ攻撃を支持

2014年にガザ戦争が行われていた最中、イスラエルのテルアビブ大学が攻撃についての世論調査を行いました。結果は、ユダヤ系イスラエル市民の95%が「攻撃を支持する」というものでした。中には「どちらかと言えば」という消極的支持も含まれていますが、いずれにせよ「過剰な武力行使だ」と考える人（4%）を遥かに上回りました。2008年のガザ攻撃の際にも、同様の結果が出ています。

オスロ合意の前後には、イスラエルにも「交渉によって進めるべきだ」という和平派が増えた時期もありました。しかし現在は、衝突が起きると市民から「テロリストを懲らしめろ」という声が上がり、世論に押される形で攻撃がエスカレートする、という悪循環が続いています。一部では攻撃に反対する市民によるデモもありますが、「裏切り者」「テロリストの味方をするのか?」という多数派の声に、かき消されてしまいます。

だからと言ってイスラエル市民みんなが好戦的な人というわけではありません。一人ひとりは、世界の他の人と変わらない「平和で安全な普通の暮らし」が続くことを望んでいます。例えば、テレビでアフリカの子どもが飢えている姿を目にすれば、かわいそうだと感じて寄付をするユダヤ系イスラエル人はたくさんいます。でも相手がパレスチナ人だと偏見のフィルターがかかります。パレスチナ人の子どもが、イスラエル兵に銃で撃たれたニュースを見ても、多くの市民は「だって彼らが最初に石を投げて挑発したんでしょう?」と考えてしまうのです。それはなぜでしょうか?

2014年のガザ攻撃では、ガザからロケット弾が次々と飛来しました。以前までならハマスのロケット砲は、テルアビブなどの都市部には届きませんでした。しかしこのときは射程距離が延びたことで、市民は日々恐怖に怯えるようになりました。たとえ直接爆発に巻き込まれなかったとしても、日常生活を送っていたら突然、轟音とともにロケット弾が飛来し、近くで爆発が起こるというのは恐怖そのものです。

第二次インティファーダのとき続発した、イスラエル国内での「自爆テロ」についても同様です。バスやカフェなどで突然爆発が起こり、多くの市民を無差別に殺傷する手口に、人々は「狂信的なテロリスト」への恐怖と怒りを感じました。そして、「テロリスト」を送り込んだパレスチナ社会への報復を望むようになっていきます。

最大の問題は、ほとんどのイスラエル市民が占領地で起きていることに無関心であることです。特にイスラエルの中心的な町であるテルアビブなどにいると、占領地の出来事に触れる機会はほとんどありません。そのため、パレスチナの若者たちが占領地での過酷な現実に絶望し、最後の抵抗手段として自爆という選択をしたという重みが理解されることは、決してないのです。

パレスチナ人の状況がわからないまま、イスラエル国内で起きる「テロ」だけを見ていたら、「奴らはとんでもない人殺しだ」とか「もっと徹底的にこらしめろ」という声が高まるのも無理はありません。分離壁を築いて閉じ込める、土地から追放して入植地を増やす、住宅密集地に爆弾を落とす、といった国際法上違反の政策が支持されてしまう理由もここにあります。

恐怖の囚人

「イスラエル人は、恐怖の囚人になっている」。イスラエルの平和活動家の中でよく使われる言葉です。恐怖にとらわれた人々は、相手を悪魔のように思い込み、冷静な判断力を失います。どんなに自分たちが圧倒的に有利な状況でも「自分たちがやられている」と思い込めば、とことん打ちのめさないと安心できなくなってしまいます。

ユダヤ系イスラエル人のモラン・ヘン・スピッツェル（34）は、イスラエルで暮らすユダヤ人学校とアラブ人学校の子どもたちの交流をコーディネートする仕事をしています。ここで言うアラブ人とは、イスラエル市民権を持つパレスチナ人のことです。彼女は言います。

「10代の偏見の少ないうちは、相手側のことを素直に受け入れることができます。でも大学生くらいになると難しくなります。反対側の話にもきちんと耳を傾けることができるようになれば、パレスチナ人が不平等な社会に暮らしていることに気づき、何かを変えなければと思うようになるのですが……」。

モラン・ヘン・スピッツェル

モランが心配するのは、紛争を繰り返すイスラエル社会の視野が、どんどん狭くなっていることです。「ユダヤ人は子どもの頃から自分たちだけが犠牲者で、どれだけひどい目にあわされてきたのか、という物語ばかりを聞かされて育っています。だから占領地のパレスチナ人による抵抗についても、自分たちの被害しか見えなくなるのです。視野が狭くなると論理的に考えることができなくなって、感情的に反応するようになります。それは、攻撃を通じて自分たちの支持率を上げようとする政治家にとってはとても都合が良いことなのです」。

イスラエル国内の三つの分裂、「宗教と世俗」

イスラエルが抱える対立は、対外的なものだけではありません。移民によって人口を増やしてきたイスラエル社会にはまとまりがなく、国内には大きなものだけで三つの分裂を抱えています。分裂の背景には、この国の成り立ちが深く関わっています。

一つ目はユダヤ人の中にある「宗教的な人と世俗的な人との分裂」です。二つ目は「民族グループの分裂」です。そして三つ目は、イスラエルの中の「ユダヤ人とパレスチナ人（イスラエル国籍）との分裂」です。

ひとつ目の「宗教的な人と世俗的な人との分裂」は、ユダヤ教に熱心な人と、宗教的な生活を送らない人とがはっきり分かれていることを意味しています。意外に思われるかもしれませんが、イスラエルでは8割の人が、ユダヤ教には熱心ではなく、欧米の市民と同じよう

祈りを捧げるユダヤ教徒（エルサレム旧市街の嘆きの壁にて）

に世俗的な生活を送っています。むしろ、はっきりと無神論者であることを公言する人もいて、かつてのような「ユダヤ人＝ユダヤ教徒」という定義は、現在ではまったく当てはまらなくなっています。

残りの1割から2割が、ユダヤ教の戒律を守って暮らす宗教的な人たちです。イスラエルのユダヤ教徒の多数派は「正統派（宗教派）」と呼ばれる人たちです。ユダヤ教の戒律を守って生活していますが、服装は特に目立ったものではなく、頭にキッパという丸い帽子を乗せています。ただ、キッパをかぶっている人すべてが正統派とは限りません。

その「正統派」よりも厳格で宗教的な生活を送っているのが、黒ずくめの衣装をまとい神学校に通って毎日を過ごす「超正統派」と呼ばれる人たちです。エルサレム旧市街にあるユダヤ教の聖地「嘆きの壁」では、壁に向けて祈りを唱える彼らの姿があります。

彼らは祈りのために時間を使うので、就職はしていません。そこで宗教政党をつくり政権に圧力をかけて、徴兵の免除を受けたり、国から補助金をもらって生活してきました。そのような優遇策に対して、世俗的な人たちからは強い不満が出ていました。そこで2014年3月から、「超正統派」の人々も一部を除いて徴兵されるようになりました。しかし今度は「超正統派」が反発して激しいデモを繰り返すなど、イスラエル社会の亀裂は深まっています。

「正統派」にも「超正統派」にも、「宗教右派」が存在しています。彼らはパレスチナ人への過激な暴力を繰り返す極右勢力の一部で、問題をより大きくしています。オスロ合意を結んだラビン首相を暗殺した青年も、このような狂信的な集団に属していました。宗教右派は占領地に勝手に入植し、周辺のパレスチナ人の家や車を破壊、襲撃して殺傷を繰り返しています。国連人道問題調整事務所（OCHA）によると、2015年1月から9月の間、このような過激なイスラエル人入植者によるパレスチナ人への襲撃事件は142件にものぼっています（西岸地区及び東エルサレム内）。

パレスチナ人にとっては、凶暴な宗教右派はイスラエル軍より恐ろしい存在です。とどまることを知らない彼らの暴力は、イスラエル社会の中でさえ批判の的になっていますが、政府は本格的な取り締まりをしていません。政府の許可を得ずに勝手につくった入植地であっても、政府は「入植地に住むユダヤ人を守る義務がある」として兵士を配備するのです。そのような政府の姿勢が、過激な集団*による暴力を助長しています。ちなみにパレスチナ人に暴力的な言動を振るう極右勢力は、宗教右派に限らず世俗的な人々の中にも多く存在します。

民族グループの分裂

二つ目は「民族グループのルーツによる分裂」です。イスラエルは、人口約850万人の小国ですが、世界中からの移民で成立しているため出身国はさまざまです。ここでは、主な4グループについてだけ紹介しますが、移民グループの間では、激しい対立があります。

シオニズムを掲げてパレスチナに最初に移民したのは、①「主に東ヨーロッパから来たユダヤ人（アシュケナジーム）」でした。イスラエル建国前から常に主導権を握ってきた彼らは、欧米の価値観と文化をそのまま持ち込み、地元の中東的なものを軽蔑していました。

イスラエル建国後に急激に増えたのは、②「中東と北

＊　西岸地区にあるヘブロンの町の周辺に入植した宗教右派のユダヤ人は特に狂信的な集団と恐れられている。1994年には、オスロ合意に反対するユダヤ人医師のバルフ・ゴールドシュタインが、モスクで礼拝中のパレスチナ人に向けて自動小銃を乱射。29人が死亡して、100人以上が負傷する虐殺事件が起きた。ヘブロンに隣接する「キリヤット・アルバ」という入植地には、ゴールドシュタインの信奉者も多く、ヘブロンに暮らすパレスチナ人に日常的に暴力を振るっている。

アフリカ地域からの移民（ミズラヒーム）」でした。その地域にはもともとはユダヤ人（ユダヤ教徒）への差別がなかったのですが、イスラエルが強引に建国されたことでユダヤ教徒への風当たりが強くなり、移民してきたという経緯があります。ヨーロッパのユダヤ人が「避難場所」として建国したイスラエルのために、中東のユダヤ教徒が故郷を追われたのです。しかし彼らの多くは、欧米的な社会システムのイスラエルで、政治的、経済的に成功することができず、長い間、社会的弱者の立場に置かれてきました。*1

しかし、同じ社会的弱者だからといって、パレスチナ人に同情的なわけではありません。例えば西岸地区から出稼ぎでやってくるパレスチナ人は、イスラエル政府にとっては安く使える労働力になりますが、貧困層の中東系ユダヤ人にとっては自分たちの仕事を奪う脅威に映ります。また中東系ユダヤ人は、パレスチナのゲリラや抵抗運動に対して、兵士として最前線に派遣され、戦ってきました。そのため憎しみを持っている人も多いのです。こうした中東系ユダヤ人は、右派政党のリクード党を支えてきました。リクードは1977年に政権をとってから現在まで、イスラエルの政治で主導権を握り、パレスチナ人を追い詰める政策を進めてきました。

*1　イスラエル建国にともないアラブ系のユダヤ教徒が移民したことで、中東における「アラビア語を話すユダヤ教徒」のコミュニティはほぼ消滅した。それは、中東地域でイスラム教徒とユダヤ教徒の共存がなくなったことも意味している。現在は、モロッコ、チュニジア、アルジェリアの北アフリカ3カ国にわずかながらユダヤコミュニティが残っている。

新しい移民として大きな存在感を発揮しているのは、③「ロシア系の移民」です。彼らは90年代になってソ連が崩壊してから、経済的安定を求めて移民してきました。科学者など高学歴なインテリ層も多く、彼らはイスラエルのハイテク産業を支える存在になっています。現在では人口の1割を超える100万人規模のコミュニティを抱えるまでになったロシア系ユダヤ人ですが、実はその半数以上はユダヤ教徒ではなく、ユダヤ人かどうかさえ疑わしいとも言われています。しかしイスラエル政府は、ユダヤ系市民の数を水増しするため、見て見ぬ振りをして受け入れているという批判があります。ロシア系移民の多くはイスラエルの言葉であるヘブライ語を学ばず、ロシア系コミュニティの中だけで生活し、独自の政党も保有しています。

イスラエルのユダヤ人の中で、最も差別されている存在が、④「エチオピア系ユダヤ人」です。このグループは、イスラエル政府がユダヤ系人口を増やすため、1980年代以降に戦略的に移送されてきた人々です。現在およそ13万5千人いるとされるエチオピア系ユダヤ人には貧困層が多く、また肌の黒さを理由に進学や就職などで公然と差別されています。[*2] 2015年には、エチオピア系ユダヤ人兵士を白人警官が暴行する事件が起こりました。それをきっかけに、エチオ

*2　エチオピア系ユダヤ人への差別をめぐっては、過去にも大きな暴動となった出来事がある。1996年にイスラエル血液銀行が、エチオピア系ユダヤ人が献血した血液を、「エイズウイルス感染の危険性が高い」として、秘密裏に廃棄処分していたことが発覚。さらにイスラエル保健大臣がその処置を正当化したことが大問題になった。

ピア系ユダヤ人の怒りが爆発し、エルサレムでは大規模な抗議デモと暴動が発生しました。民族グループ間の亀裂は、深まるばかりです。

ユダヤ人とイスラエル国籍のパレスチナ人との分裂

三つ目は、イスラエルの中の「ユダヤ人とパレスチナ人との分裂」です。「ユダヤ人国家」を自称するイスラエルですが、住んでいるのはユダヤ系の人だけではありません。イスラエル国民のおよそ2割を占める160万人が、イスラエル国籍を持つパレスチナ人（アラブ人）です。彼らは、1948年に多くの人々が難民となった際、逃げなかったり、逃げ遅れて故郷に留まった人たちとその子孫です。

「非ユダヤ系市民」である彼らは、イスラエル市民権を持ってはいるものの、「ユダヤ人国家」を主張するイスラエルの中で、「存在して欲しくない」二級市民として差別的な扱いを受けてきました。イスラエル国家の中で、ユダヤ系市民はどこにでも居住できますが、パレスチナ系市民は国土の32％の場所にしか住むことができません（コラム③参照）。

またイスラエルでは、徴兵に行くことで一人前の社会人とみなされるのですが、パレスチナ人は兵役を除外されています。「パレスチナ人に武器を持たせたり、軍事訓練はさせられない」という理由からです。また、ユダヤ系の市民は許可さえ取れば、日常でも銃の携帯が許されますが、パレスチナ系市民には許されません。政府側は「危険なパレスチナ人からユダヤ人が身を守るために銃が必要なのだから、これは差別ではない」と説明をしています。法的な差別だけでなく、パレスチナ人だからと、就職が不利になることもよくあります。

そして西岸やガザで衝突があるたびに、イスラエルの右派からは、「(国内の)アラブ人を西岸やガザに追放しろ」などという声が上がり、不満のはけ口とされてきました。一方、西岸やガザのパレスチナ人からは、イスラエルの恩恵を受ける存在のようにみなされることもあり、どちらつかずの複雑な立場に立たされてきました。彼らは、ユダヤ系が前提のイスラエル社会の中で、本音が言いにくい少数派として存在してきたのです。

そんな中、音楽を通してイスラエル国籍のパレスチナ人としての思いを伝えているのが、ヒップホップグループの「DAM」です。DAMは、パレスチナの若者に人気のヒップホップという手段を使って、分断されたパレスチナ人のアイデンティティや占領、貧困といった社会的なテーマに切り込み人気を博しました。彼らの活動は2008年に『自由と壁とヒップホップ(原題:Slingshot Hip Hop)』という映画になり、日本でも公開されています。さらに2014年10月には来日公演を果たしています。

映画のエンドロールに流れる「故郷のなかの異邦人(ガリーブ・フィー・ビラーディー)」と

いう曲では、イスラエル国内で少数派として暮らす、行き場のない彼らの思いが綴られています。一部を紹介します。

（前略……）
占領で運命が決められた
俺らイスラエル人と見なされ
自国に住む異邦人
自国が占領されて　どこに行けというのか
（中略……）
自国に住む異邦人だが　文化は手放さない
生涯パレスチナに　根を張り続ける
自国が占領されて　どこに行けというのか
同胞愛だけが私を守る
同胞が私を捨てたら　どこに行く？
ただ上を向いて歩くのだ

（翻訳：吉田ひなこ／監修：田浪亜央江）

ＤＡＭに刺激されて、ガザや西岸地区にもラップによってメッセージを届ける若者が次々と登場しています。文化を通じたこのような新しい活動が、分断されたパレスチナ人同士の絆を再び深めることにつながるのかもしれません。

イスラエルはどこへ行くのか？

イスラエル政府は「中東で唯一の民主主義国家」を自称し、差別などどこにもないという建前を掲げてきました。しかし実態は、ユダヤ人同士の差別や対立、イスラエル市民権を持つパレスチナ人への差別、そして西岸やガザのパレスチナ人へのアパルトヘイトなど、多くの分裂と何重もの差別構造の上に成り立っています。

ヨーロッパからやってきたシオニストの指導者たちは、この国をつくる際に二つの理念を掲げていました。それはいずれも、現在のイスラエル社会においても重要なキーワードとなっています。

①ユダヤ人が絶対的に多数派の「ユダヤ人国家であること」

②「自由で民主主義の国であること」

問題は、この二つの理念は絶対に両立できないということです。「ユダヤ人国家」を追求する限り、人口が増え続けるパレスチナ人を無理にでも追放しなければなりません。そのような民族浄化を続ける国が、国際社会から「自由で民主主義的な国」と認められるはずはありません。一方、パレスチナ人を受け入れていっさいの差別をなくし、共存するという選択をすれば世界からは認めてもらえますが、「ユダヤ人国家」という理念を捨てなければなりません。その矛盾は、そもそもこの国の成り立ちに問題があったことを証明しています。

パレスチナ人を追いつめているイスラエルですが、ある意味ではイスラエル社会も、方向性を見失い戸惑っているようです。アンケートでは多くの市民がガザ攻撃に賛成しましたが、一方で「攻撃を続けても自分たちは安全にならない」という項目でも同意する人が過半数を占めました。多くのイスラエル人は、「テロの恐怖」への反応から、ひとまず攻撃を支持するのですが、それで平和になるとは思えないし、その後どうしたらよいかもわからないのです。

ユダヤ系イスラエル人のヤール・ダガン・ペレス（29歳）は、占領地のパレスチナ人をサポートする人権派弁護士です。ヤールは、分離壁の建設に反対するパレスチナの村を訪問して、パレスチナ人とともにデモを行って、イスラエル軍に拘束されたことがあります。また占領には協力したくないと考え、良心的兵役拒否[*1]をしています。兵役拒否をすると政府から投獄されることに加え、就職に不利になるなど社会的な立場が悪くなりますが、ヤールには強い信念がありました。

「もちろん兵役拒否は簡単なことではありません。でも、占領地で非人道的な行為をさせられるのはごめんです。戦争中のドイツや日本なら、兵役拒否をしたら処刑されていたかもしれない。イスラエルでは命までは奪われません。悪くても刑務所に2、3カ月入れられるくらい、ボランティア労働ですむこともあります。それなのに、ほとんどの人が兵役を選んで加害者になっているのは恐ろしいことです」。

　兵役拒否をする若者は極めて少数ですが、紛争の激しかった第二次インティファーダ当時は、1年間で300人以上にものぼり、イスラエル社会で大きな話

イスラエル人弁護士、ヤール・ダガン・ペレス

＊1　平和を求めて兵役を拒むことを、「良心的兵役拒否」と呼ぶ。兵役拒否をした者は、男性は投獄され、女性は奉仕活動の義務を課される。男性でも、軍の判事に言い分が認められた場合は奉仕活動ですむこともあるが、認められる割合は1割以下と低い。何度も徴兵拒否を続け、そのたびに投獄された男性もいる。2014年に良心的兵役拒否をした人数は50人。

題となりました。

さらに、その第二次インティファーダで占領地に派遣された元将兵の中から、占領の過酷な実態を告発する若者たちも現れました。彼らが結成した「ブレーキング・ザ・サイレンス（沈黙を破る）」[*2]というNGOでは、占領地で体験したことや自らが関わった虐待などの加害行為を赤裸々に語り、イスラエル社会に動揺を与えています。

これまでイスラエル社会が目を背けてきた都合の悪い現実に向き合わなければならない、と気づいた人はまだ少数です。しかしそうした内部からの告発を無視し続けていれば、イスラエルに残される道は孤立化しかありません。

ヤール弁護士は、多くのイスラエル市民が西岸やガザで何が起きているかを知ろうとせず、自分たちの安全のことばかり気にかける傾向についてこのように語りました。「差別はこの国の至る所にあるのに、見ようとしなければ決して気づかない。それをそのままにしておくことは、この国にとっても不幸なことです」。

テルアビブのカフェでヤール弁護士にインタビューしている最中、そんなイスラエル社会を象徴する出来事がありました。イスラエルの占領政策やガザ攻撃が非人道的で、人種差別に基づいたものだと熱く語るヤール弁護士の声は、周囲の客にもよく聞こえていました。す

*2　詳しくは「ブレーキング・ザ・サイレンス」を取り上げた映画『沈黙を破る』（土井敏邦監督）などを参照。

るとある男性が立ち上がり、興奮してこう叫びました。「お前はさっきからウソばかりついて国家を侮辱している！　いったいこの国のどこに差別があるというんだ⁉」。米国から移住してイスラエル軍で働いていると言う彼は、本気でイスラエル社会が道徳的であると信じて疑いません。カフェにいる他の客も、ほとんどはその男性の意見に同意していました。ヤール弁護士との話はまったくかみ合わないまま終わりました。

その後、ヤール弁護士の運転する車で移動中に、検問所を通りました。パレスチナ人が車に乗っていれば、必ず止められて検査を受ける場所です。しかしこのときは、彼がユダヤ系の白人だったので、身分証の確認もされずに通過できました。ヤール弁護士は「これが差別ですよね？」とつぶやきました。

イスラエルは、「対テロ対策」に官民を挙げて力を注ぎ、今では世界最先端の軍事力と装備を誇るまでになっています。しかし、世界で最も「テロ対策」が進んでいるはずのこの国で、イスラエル政府の言う「テロ」が頻発しているのはなぜでしょうか？　それは「テロ」が起きる理由が、「テロ対策」とは別の所にあるからです。その単純な事実に、イスラエル国民が目を向けなければならないときがきています。

■コラム③　分断されるパレスチナ人

パレスチナ人は、住む場所によって、法律上の扱いが大きく異なります。同じパレスチナ人であっても、ある条件の人にはできるのに、別の人にはできないということが頻繁にあります。これは外部の人にはとてもわかりにくいのですが、暮らしている人には死活問題になっています。占領下の差別の実態を示すＩＤによる分断を紹介します。

◎同じパレスチナ人でも、住む所によって扱いが違う

この本では、主にイスラエル国内とイスラエルが占領しているヨルダン川西岸、ガザ、東エルサレム（エルサレム市の東側）のパレスチナ人の状況について紹介してきました。それぞれの地域に住む人たちを、イスラエル政府はどう扱っているのでしょうか？

最も大きな分類は、イスラエル政府が発行している身分証明書（ＩＤカード）*の違いです。現在のＩＤカードのシステムは、オスロ合意が結ばれたあとの

＊　ID問題の情報については、NGO Visualising Palestineによる2014年6月の調査及びThe Israeli Information Center for Human Rights in the Occupied Territories 2013年7月の調査を参照した。

1995年に、イスラエルとパレスチナの政府間で合意したものを基本にしていま す。IDカードは、さまざまな社会サービスを受けたり、居住権の確認、そして検問所などでチェックを受ける際の身分証明として利用されるもので、生活には欠かせません。

IDカードは、パレスチナ人だけでなくすべてのイスラエル人をも対象にして発行されています。大きく分けると二つのカテゴリー（青色と緑色）があり、細かく分けると以下の五つのグループになります。①「イスラエル国籍のユダヤ人」、②「イスラエル国籍のパレスチナ人」、③「東エルサレムのパレスチナ人」、④「ヨルダン川西岸地区のパレスチナ人」、⑤「ガザ地区のパレスチナ人」になっています。①〜③が青色で、④と⑤が緑色に分けられます。その分類によって扱われ方はまったく違ってきます。

まず①「イスラエル国籍のユダヤ人」です。彼らは身分証レベルでは最も差別を受けず生活も移動もできる存在です。もちろん前述したように、法律によらないユダヤ人同士の差別はあります。居住はイスラエル国内（東エルサレムを含む）ならどこでも可能で、さらに西岸地区でイスラエルが実効支配をしている60％の土地（入植地）にも住む権利があるとされています。

次に②「イスラエル国籍のパレスチナ人」で、主にはイスラエル建国の際に逃げずに故郷に残った人たちとその子孫です。IDはイスラエル政府が発行しています。この人たちは法的に差別を受けていて、居住地はイスラエル国家の32%の土地にしか住む許可が下りません。同じ国民なのに、国土の68%の土地には住めないということになります。パスポートは、イスラエル国のパスポートになります。

次に③「東エルサレムのパレスチナ人」で、イスラエル政府が発行する「エルサレムID」を所持しています。エルサレム周辺に代々住み続けてきた人たちで、第三次中東戦争のあとイスラエルの占領下に置かれました。しかしイスラエルの見解としてはこの地域は占領ではなく併合したことにしているので、行政権はパレスチナ自治政府ではなく、イスラエルが握っています（コラム④参照）。

移動に関してはイスラエル側にもパレスチナ側にも行き来することができますが、居住は東エルサレム内に限定されています。そしてもし、家は所有しているけれど実際にはエルサレムに住んでいないことが判明するとIDを没収され、居住権を剝奪されてしまいます。

大きな問題として彼らはイスラエル支配下にありながら、イスラエル国籍の申請をしていない形になっているため、国籍を持っていません。イスラエルから出国する場合は、かつてヨルダン川西岸地区を実効支配していたヨルダン政府がパスポートを発給するのですが、ヨルダン国籍があるわけではなく、ヨルダンに居住することはできません。無国籍という非常に危うい立場に置かれているこの人たちのことは、国際法上大きな問題となっています。

ここまでの三つのグループが、イスラエル政府が発行する青いパスケースに入ったＩＤを持つ、一つ目のカテゴリーになります。

◎西岸とガザの人々

あとの二つのグループが、パレスチナ自治政府が発行する緑のパスケースに入ったＩＤを持つ、二つ目のカテゴリーになります。まず、④「ヨルダン川西岸地区のパレスチナ人」です。ＩＤはパレスチナ自治政府が、イスラエル政府の許可を得て発行している西岸ＩＤです。ヨルダン川西岸地区は、イスラエルが入植地や国有地として60％の土地を押さえているため、この人たちは西岸の中でさらに40％のエリアにしか住むことができません。イスラエル側に行くのも簡単ではなく、ガザには行くことができません。パスポートはエルサレムの人と同じようにヨルダンパスポートになりますが、ヨルダン国籍を持っているわけではありません。

最後は⑤「ガザ地区のパレスチナ人」です。IDは、パレスチナ自治政府が、イスラエル政府の許可を得て発行しているガザIDです。ガザ以外には住むことができないだけでなく、2007年の軍事封鎖が始まって以降は、ガザから出ることも困難になっています。パスポートはありません。ガザを出る場合は、複雑な手続きを経て許可が下りれば、旅行証明書が発行されますが、この証明書だけではイスラエルが出国を認めないケースや、渡航先の国が入国を認めないケースがたびたび起こります。

ここまでが、イスラエルが設定したIDシステムの中に組み込まれている人たちです。しかし実はこのIDシステムから弾かれた「IDなし」という人たちも一定数存在しています。

◎IDのない人たち

IDを持っていない人たちには、もちろんパスポートも国籍もありません。公的機関による統計はありませんが、人権団体などの調査によるとガザだけでも4万人から5万人の規模でいるとされています。

ＩＤを持っていない人は、親がイスラエル・パレスチナ以外の国籍であったり、出生したときに違う国にいた場合があります。あるいはエルサレム在住者③だったけれど、ＩＤを剝奪されたという人もいます。また、ＩＤは一度受け取ってしまうと一生変更されることはないため、ガザや西岸の緑色のＩＤを発行されて不利な人生を生きるよりはと、親が申請しなかったというケースもあります。

この国でＩＤなしで生きるのは本当に大変です。仕事ができない、家を借りることができない、公共サービスの恩恵を受けられないなど、普通の生活が送れなくなってしまいます。生活が不安定になるので、結婚もできません。もちろん、検問所を通ることもできないため、ほとんど移動ができません。現在イスラエル政府は、IDを持たない人に新たに交付することはしていません。基本的人権が守られない

元サッカーパレスチナ代表選手のアブダラ・シダウィ。彼もIDを持たない生活を送っていた

このような環境に人々をとどめておく政策は、国際法に明らかに違反しています。

パレスチナ人のプロサッカー選手、アブダラ・シダウィ（35）も、IDカードを持てなかった一人です。優秀なゴールキーパーである彼は、16歳でパレスチナ代表チームに選ばれると、それから17年間、33歳までずっと代表メンバーを務めました。アブダラのお父さんはクウェート出身で、IDを持っていませんでした。そのため、医療や教育を受けることもできませんでした。また、サッカーの国際試合に出場する際、アブダラはヨルダン川西岸地区を通常のルートから出られないため、検問所のない所に迂回し、非正規のルートで命がけで国外に出たこともあります。日本ならサッカーのナショナルチームに長年入っているメンバーはスター扱いですが、パレスチナではひどい扱いをされてきたのです。

パレスチナに暮らす人々の状況について大雑把に紹介しました。しかし、この他にもヨルダン、レバノン、シリアなど周辺国に逃れて生きてきた人々の状況もそれぞれの権力者の意向に翻弄されて異なる苦しみを味わってきました。70年という時の流れと、軍事占領や内戦という歴史の上で、パレスチナ人は、それぞれの国の権力者によって何層にも分断されて生きているのです。

8

非暴力で闘うパレスチナの若者たち

ベツレヘム近郊バティール村の子どもたち（©Hassan Muamer）

若者のためのNGO

パレスチナをめぐる話は、暴力的なニュースが多くなるのですが、占領地で生きるパレスチナの若い世代による、非暴力で社会を変えようとする活動も生まれています。パレスチナの若者が運営するNGOの代表が、エルサレムを拠点に活動する「パレスチナ・ビジョン」です。このNGOの中心的な取り組みは、東エルサレム（エルサレム市の東側）に住む10代の若者のための教育プログラムになります。全部で18人のスタッフは、18歳から35歳という若者です。他にもたくさんの若者が出入りするパレスチナ・ビジョンのオフィスは、いつも活気にあふれています。

エルサレムや西岸地区では、長く続く占領のため若者が夢や希望を持つことができません。自暴自棄になり、心を閉ざし暴力的になる人も大勢います。

パレスチナ・ビジョンでは、若者たちに知識とスキルを提供し、非暴力で行動することの大切さを伝えています。ひどい状況であっても、自分自身が能力を高め、ネットワークを広げることで、社会との向き合い方を変えていこうというのです。プログラムは、職業訓練やリーダーシップの育成、ビジネスを起業する方法など、自立して生きていく力を磨くための

パレスチナ・ビジョンのオフィスには、いつも若者たちが集う

ワークショップが豊富に用意されています。

パレスチナの歴史や占領について学ぶこともできます。占領下のエルサレムでは、教科書はイスラエル製のものが使われています。子どもたちは、親から聞く以外にパレスチナの歴史を学ぶことができません。自らのルーツを体系的に学び、国際法というルールに照らせばどのような立場に置かれているのか、どのような権利があるのかについて知ることで、その後の活動に幅が広がります。

作文や映像、演劇、英語、パソコンなどの技術を学ぶ場もあります。スキルを磨き、思っていることをうまく表現できるようになった若者たちは、自信を持って社会的、政治的なキャンペーンを立ち上げるこ

写真ワークショップに参加するハニーン・ヘジュジ

とができるようになります。1998年に創設された*パレスチナ・ビジョンの取り組みは、現在ではヨーロッパの有力な財団や組織からも高い評価を受けるようになっています。

写真教室に通う女子高生

高校二年生のハニーン・ヘジュジ（16歳）は、パレスチナ・ビジョンが主催するワークショップに通う女の子です。もともと写真好きだったというハニーンは、プロのカメラマンから写真の撮り方を学ぶコースを受講しています。彼女は嬉しそうにクラスのことを語ります。「教わるのが楽しくて、今は本気で将来カメラマンになりたいと思っています。英語の先生にもなりたいんですけどね。両方やっちゃおうかな！」。

＊　パレスチナビジョンに寄付している団体の一例を挙げると、ユニセフ、Bread for the World Deutsche Welle Academy European Union (EU機関)／アメリカン・フレンズ奉仕団(AFSC・アメリカの民間団体、過去にノーベル平和賞受賞)など多数。エルサレムの若者団体に贈られる「エルサレム福祉協会賞“For Jerusalem, We Work”」も受賞した(2014年)。

ハニーンは、エルサレム近郊のイサウィーアという村に暮らしています。丘の上にあるイサウィーアは、二つの入植地に挟まれ周囲と隔離されています。村への出入りは丘の下に設けられたゲートを通るしか方法がなく、そこにはいつもイスラエル兵が待ち構えています。ゲート周辺の道路はコンクリートブロックでふさがれ、車が入れません。ハニーンたちが登校する際も、丘の下で止まっているスクールバスまで歩いていかなくてはなりません。

イスラエル兵は、村の中にも「パトロール」に入って来ます。村人が兵士の言うことに従わなければ、ゲートを封鎖されることもあります。そうなると子どもたちは学校に行けません。ハニーンの通う高校は、90％の生徒がイサウィーアに住んでいるので、ゲートが閉まると学校が休校になります。

ハニーンは言います。「ある朝、学校に行こうとしたらゲートが閉まっていました。それでも通してもらおうとしたら、兵士に催涙弾を投げられて私の足に当たりそうになりました。私たちの村のことは放っておいて欲しい。私はただ学校で勉強したいだけなのに……」。

男性はさらにひどい目にあうこともあります。イスラエル兵は、少年が何人かで集まっているだけで尋問し、連行していきます。特に反抗的だとみなされた少年は、「早朝逮捕」のターゲットになります。兵士が明け方、家に押し入って連れ去るのです。3カ月程度で解放されるケースもありますが、2年以上捕まったままの少年もいます。いずれも石を投げたかどうか、といった疑いです。そんな日常の中で、若者の間にフラストレーションがたまっていきます。

ハニーンは、だからこそ写真を学ぶ意味があると語ります。「どうしたら状況を変えることができるかって、いつも思うんです。私が写真を学ぶのも、自分が撮ったパレスチナの写真を世界の人たちに伝えて、少しでもこの状況を変える力にしていきたいと思うからです」。

創設者の思い

パレスチナ・ビジョンの代表を務めるラミ・ナセル・エディン（37歳）は、いつも携帯電話を片手に慌ただしく話しています。エルサレム旧市街で生まれ育った彼は、20歳のときに仲間たち2人とこの団体を創設しました。

ラミは言います。「当時はパレスチナ自治政府のユース部門でボランティアをしていたんだ。でも重要な仕事は偉い役人の子どもばかりに回されて、ぼくらにはチャンスが与えられなかった。自分にはもっとできるのにって、いつも思ってたよ。だからパレスチナの若者たちが輝けるような組織を、自分で立ち上げようって考えたんだ」。

1998年に設立して3年間はまったく収入がなく、大学に通いながらアルバイトで稼いだお金のすべてをこの組織につぎ込みました。早く自立して欲しいと願う父親からは活動の意義が理解されず、家を追い出されたこともあります。「最初はオフィスの住所と電話番号を実家にしていたからね。親父にバレたときは蹴飛ばされたよ！」。ラミは、いたずらっぽい笑顔で言いました。

パレスチナ・ビジョンの創設者、ラミ・ナセル・エディン

保守的なパレスチナ社会では、重要なことはたいてい年配者が決めます。特にラミが活動を始めた当時は、若者が社会を変える動きの中心になる例はありませんでした。そんな中、パレスチナ・ビジョンのような若者ばかりの団体は異例で、当初は信用してもらえなかったり、おかしな噂を流されました。「ただ男女がぶらぶらして遊んでいるいかがわしい団体」だとか、「特定の政党に関わっているのではないか」といったデマです。

しかし、次第に活動の場を求めた若者たちが集まってくるようになります。2001年には、初めてヨーロッパの財団からの助成金が決まり、大きなプロジェクトを実施することができるようになりました。ラミを含め、スタッフに毎月給料が出るようになったのは、2003年からです。その後は国連機関ともつながり、現在ではEU諸国を中心に、さまざまな団体と協力関係を結んでいます。

ラミは言います。「もちろん最大の目標はイスラエルによる占領をやめさせることだけど、パレスチナ社会にも暴力や汚職といったいろいろな問題がある。若いやつが参加してそれを変えていくべきなんだ。この団体を立ち上げた頃から比べると、その大切さが少しずつ理解されてきているように思うよ」。

活動の範囲は、パレスチナの若者を育成するプログラムに加え、各種の調査事業、難民キャンプの支援などへと広がっています。またイスラエルの入植地製品の不買を訴えるボイコット運動（9章参照）など、さまざまなキャンペーンにも取り組んでいます。

ラミは、少年時代に第一次インティファーダを経験した世代です。衝突のために学校は休校となり、勉強はできなくなりました。ガキ大将だった彼は友だちと連れ立って、日頃のうっぷんを晴らすかのように石を投げました。しかし14歳のとき、火炎瓶を軍用車に投げつけたことでイスラエル軍に逮捕されます。そして3週間にわたる過酷な拷問を受けた後、少年院に2年間入れられました。

少年院の中で、ラミは他の子どもたちからパレスチナの歴史や占領について初めてきちんと聞くことになります。「自分はもっと学ぶ必要がある」と感じたラミは、今後は非暴力でイスラエルの占領と闘っていくと誓いました。

ラミは、若者がスキルを磨き外の世界に状況を伝えることでイスラエル政府が宣伝する「パレスチナ人はテロリスト」というプロパガンダに負けないようにするべきだと考えました。パレスチナ・ビジョンの活動は、かつてのラミのように行き場のない若者が、自己実現を成し遂げ、社会に羽ばたくための場となっています。ラミたちの活動が評価を受けるようになった現在、パレスチナでは他にも若者のためのNGOが増えてきています。ラミたちの活動は、ゆっくりながら着実に「若者は大人の言うことを聞いていればいいのだ」というパレスチナ社会の意識を変えているのです。

分離壁と闘う村

若い世代が中心となって、分離壁の建設に非暴力で立ち向かった村があります。イスラエルとの境界線に位置する人口6000人の農村、バティール村です。この村では、およそ2000年前のローマ時代に築かれた段々畑と水路などの灌漑設備が大切に使われてきました。

乾燥地帯であるパレスチナでは、農地で栽培できる品種は乾燥に強いオリーブやオレンジなどに限られてしまいます。しかしバティール村は、地下水を利用した優れた灌漑設備があ

段々畑が広がるバティール村の景色（© Hassan Muamer）

ったおかげで、多様な作物を育てることができました。収穫物は近郊の都市に出荷されていました。ところが２００５年に、イスラエル政府がこの村に分離壁を建設する計画を発表します。壁は村の土地の一部を奪い、大切に受け継いできた畑を耕すこともできなくなります。村人は有志を募って対策を話し合いました。

まずは弁護士を雇い、イスラエルの裁判所に土地を奪われる不当さを訴えることにしました。この方法は分離壁が建てられることが決まった地域はどこでもやっていましたが、裁判は何年もかけて行われるので、そのたびに準備をして代表を出すことは、村人にとってかなりの負担でした。しかもたいていは、イスラエル政府寄りの判決が出てしまうため、裁判だけでは効果が期待できません。

そこで持ち上がったのは、村の美しい景観を守るプロジェクトを立ち上げ、国際社会に訴える作戦でした。村の若者たちから出たこのアイデアは、年配者からは不評でした。「ずっと人権侵害を訴えてきたのに、国際社会はパレスチナ人をテロリスト扱いした。景観なんか訴えて何が変わると言うのか？」というものでした。

それでも20代から40代の若手メンバーは、２００７年から正式にプロジェクトを立ち上げます。２００９年からこのプロジェクトの中心メンバーとなったハッサン・ムアメル（29歳／当時23歳）は言います。「ぼくはこの新しいチャレンジを、とても新鮮に感じたんだ。いつもはイスラエル社会に抗議しても無視されてしまうけど、今回はその判断を国際社会にしてもらおうということだったからね」。

立ちふさがる壁

村の価値を客観的に評価してもらうため、さまざまなデータが必要となりました。しかし村には、測量に基づく詳細な地図がありません。ところがパレスチナ人が測量することを、イスラエルは禁止していました。そこでネットワークを駆使してユネスコ（国連教育科学文化機関）の協力をあおぎ、何とかイスラエル政府から許可を得ました。

　測量と並行して、イスラエル側に保存されていた過去の村についての資料を集め、イスラエル建国以前から現在までの土地の利用法の移り変わりを調べました。その情報を総合して、地形や水資源、占領による影響など、カテゴリーごとに分かれた17枚もの詳細な地図を完成させました。

水路を整備するバティール村の少年たち
（©Hassan Muamer）

　また村の歴史は口頭で伝承されていたため、文書として記録に残っていませんでした。そこで、長老たちから村にまつわる話を聞き取り、すべて記録に残しました。地図や資料、歴史がすべてまとまったのは、プロジェクト開始から4年後の2011年でした。

　しかし、本当の苦労はここからでした。当時のパレスチナには国家資格がなく、国家が申請しなければならないような国際機関には、申請そのものができなかったのです。バティール村では、測量調査などと並行して、ユネスコとギリシャ政府が共催する「*メリナ・メルクーリ国際賞」という文化景観の保護をテーマとしたコンテストに申請しようとしたものの、やはりパレスチナには資格がないとされ断られます。

プロジェクトのメンバーは国際社会と交渉する一方で、壁の計画を止めるためにイスラエルの裁判所にも通い続け、同時に村の年配者たちの理解を得るために努力する必要がありました。厳しい状況に置かれたメンバーの当時の心境を、ハッサンは語ります。「こんなに頑張って調査したのに、世界のどこにも情報を出せないと言われて本当に落ち込んだよ。裁判は続いていたけど、いつ壁を建てる工事を始めるという通告が来てもおかしくない状況だったから、精神的にもまいっていた。それでもやめなかった理由は、これが分離壁と闘う最後の手段だと信じていたからなんだ」。

メンバーは諦めませんでした。そして最終的に、赤新月社パレスチナ支部が主体となり「メリナ・メルクーリ国際賞」に申請してくれることになったのです。赤新月社というのはイスラム教圏の赤十字のことで、国際機関としての申請資格を持っていました。一度は落選したものの、2011年の選考では100カ所以上の申請がある中、見事に大賞を受賞しました。国家プロジェクトとして挑んでいる他の候補地に比べ、遥かに少ない予算で闘ったバティール村が

＊　正式名称は「文化景観保護と管理に関するメリナ・メルクーリ国際賞」。ユネスコとギリシャが主催し、世界の主要な文化景観保護と保護活動促進に貢献した優れた活動を表彰する国際的な賞。メリナ・メルクーリ(1920〜94)は、ギリシャを代表する国際的な女優で、軍事政権に対する民主化運動にも参加、その後は文化大臣も務めた。

選ばれたことにも意義がありました。

世界遺産登録がもたらしたもの

この受賞は国際的な注目を集め、賞の運営に携わっていたユネスコ協会のスタッフからも、プロジェクトがさらに発展するよう応援してもらえることになりました。「こんなに素晴らしい村があるのに、申請さえできないというのはおかしい」という声が高まったのです。その流れは2011年10月にパレスチナ自治政府が、ユネスコの加盟国に承認されることにもつながります。イスラエルと米国は激しく反発しましたが、パレスチナとして初めて国連機関に正式加盟するという歴史的な出来事になりました。バティールの若者たちの思いが、国際社会を突き動かしたのです。

これによってパレスチナ自治政府は、国家として世界遺産の申請が可能になりました。まずは2012年に、ベツレヘムにあるキリスト教最大の聖地であるキリスト聖誕教会が登録されます。バティール村は二番目に申請されました。そして2014年6月、「オリーブとワインの地―エルサレム南部バティールの文化的景観」という名称で、世界文化遺産に登録されました。分離壁の脅威にさらされていることから、保護が必要な危機遺産リストにも登録されます。
世界遺産認定を受けたことで、驚くべき変化が起きました。2015年1月になってイスラエルの最高裁判所が、「バティール村の分離壁建設計画を差し止めるべき」という判決を下したのです。バティールの人々にとって想像を超えた収穫でした。

村への思いを語るハッサン・ムアメル

バティール村は観光地ではありませんでしたが、世界遺産に登録された現在は徐々に観光客が増えています。そのため地元の人たちが手づくりで、土産物づくりやビジターセンターの運営、ハイキングコースの整備、休憩所やトイレの設置、ガイドの養成など、さまざまな動きが活発化しています。分離壁建設が止まっただけでなく、これからは地元経済が活性化していくかもしれません。

ハッサンは興奮気味に言います。「活動を進めていく中、数えきれないほどたくさんの村人に関わってもらったんだ。最初は疑っていた人も、効果が見え始めると喜んでくれるようになったよ。測量調査や国際機関との関係づくり、観光地としてあるべき姿についての議論など、パレスチナでは初めてとなる経験をたくさんすることができた。これからはそれを活かして、他の地域のモデルになれるようにしたいと考えているんだ」。

2017年3月現在、イスラエル政府は正式に計画撤回を発表したわけではありません。しかし、世界遺産に分離壁を建てるとなると国際的な批判は今まで以上に高まり、簡単には建設できないでしょう。小さな村の若者たちが始めた10年にわたる非暴力の闘いが国際社会を動かし、分離壁という人権侵害のシンボルをくい止めています。

■コラム④ エルサレムは誰のもの？

ここまで何度も登場した「エルサレム」とは、どこを指しているのでしょうか？またどこに帰属しているのでしょうか？エルサレム周辺をめぐる問題は特に複雑な状況なので、整理してみます。

151ページにあるのは、三大宗教の聖地であるエルサレム旧市街の写真です。日本ではよくこのような写真を表紙にした「イスラエル」というタイトルの本が売られていますが、実はイスラエルの領土ではありません。イスラエル政府は、「エルサレム旧市街は自国の領土」と主張していますが、国際的には認められておらず、「イスラエルが占領した土地」として扱われています。

エルサレム旧市街というのは、およそ1キロ四方にも満たない城壁に囲まれた狭いエリアです。その中に、数多くの歴史的な建築物が折り重なっているのですが、19世紀半ば頃までは「エルサレム」と言えばこの狭い旧市街だけを指すものでした。でも現在のエルサレム市は125平方キロメートルという、まるで比較にならない巨大な市街地になっています。「エルサレム」を指す範囲が、まるで木の年輪のように、年代ごとに広がってきていると考えてください。

エルサレム旧市街。左に「岩のドーム」（イスラム教の聖地）、右に「嘆きの壁」（ユダヤ教の聖地）が見える

現在のエルサレム市を、もっと広いエリア（地図12上）で見てみます。エルサレムは現在、点線で描かれたグリーンラインを挟んで東側と西側に分かれています。東側が主にパレスチナ人が居住してきた「東エルサレム」と呼

地図12　エルサレム市とエルサレム旧市街（PASSIA DIARY 2015より作成）

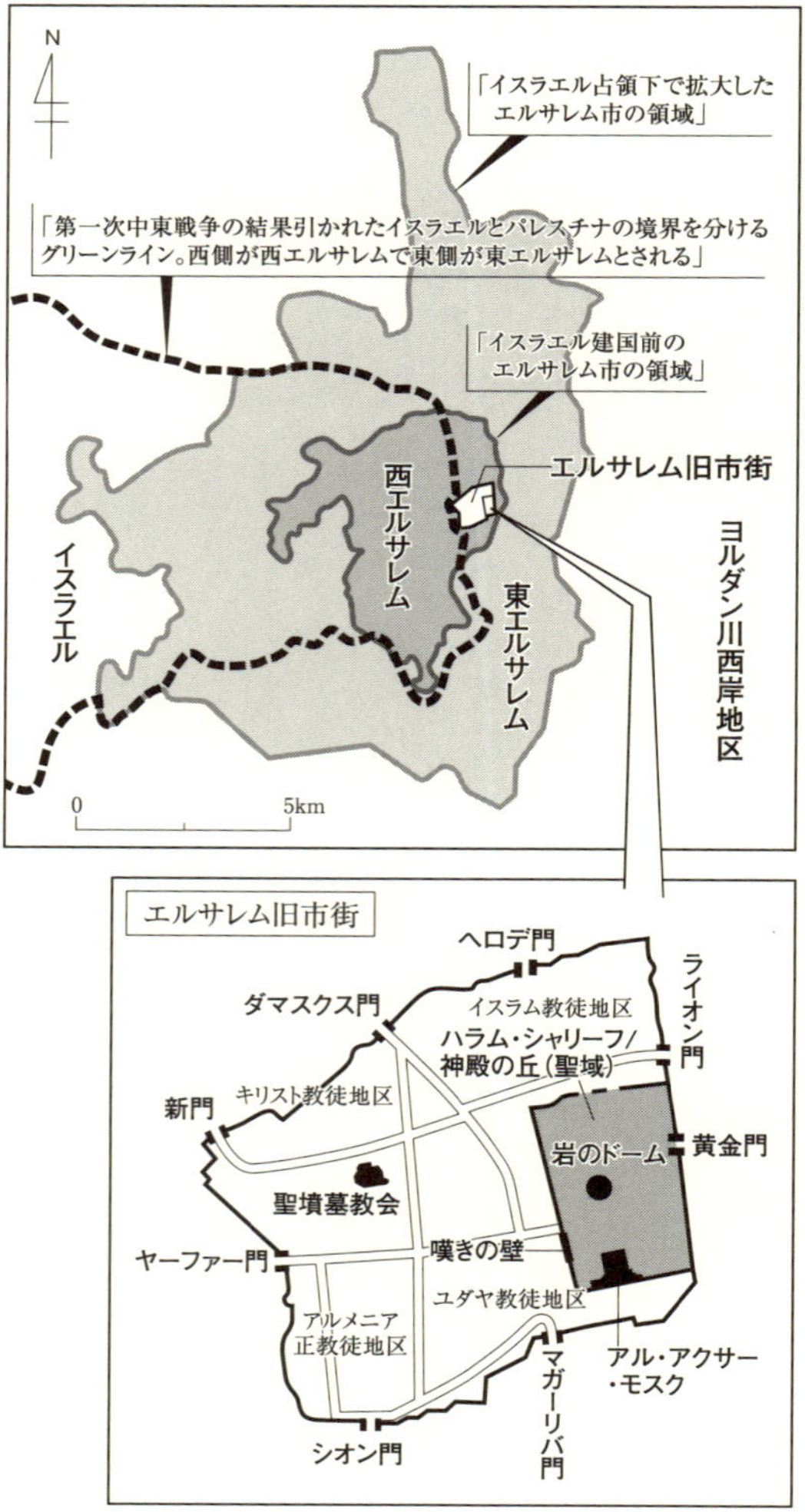

ばれる地域です。西側は現在イスラエル領になっている「西エルサレム」です。この両方を合わせた地域が「エルサレム市」という行政単位になっています。そして最初に紹介したエルサレム旧市街は、東エルサレムの中に含まれています。

1947年に国連で提案されたパレスチナ分割決議案では、エルサレムはどこにも属さない国際管理地域とされました。ところが翌48年に第一次中東戦争が起こり、エルサレム市は東西に分割されます。西側はイスラエル領に、東側はヨルダン領に組み込まれます。このとき東エルサレムは、ヨルダン川西岸地区と一体のものと扱われていました。このときに引かれた境界線（グリーンライン）が東と西とを分ける線になります。

状況が変わったのは、1967年の第三次中東戦争です。戦争に勝利したイスラエルは、東エルサレムを含むヨルダン川西岸地区を占領します。このときイスラエルは、エルサレムをすべて手に入れたことにしました。イスラエルは、ヨルダン川西岸地区から東エルサレムの地域を切り離して、自国領に編入するという荒業に打って出ます。すでに自国領になっていた西エルサレムに、占領した東エルサレムをくっつけて、「統一エルサレム」という扱いにしたのです。実際にイスラエルは、1980年に「自国の首都はエルサレム全域」と宣言しています。

しかしイスラエルが1967年に侵攻して得た土地は、国際的には占領地です。占領地を領土に編入することは認められないため、米国も含めて、どの国もエルサレムをイスラエルの首都とは認めてきませんでした。各国は大使館を首都機能を持つテルアビブに置いています。そのため東エルサレムについて、イスラエル国家は「自国の首都だ」と主張し、パレスチナ側と国際社会は「占領地だから手放しなさい」と主張する、というおかしな状態が続いてきたのです。

◎東エルサレムの切り離し

エルサレムの領有権を国際社会から認めてもらえないイスラエルは、西岸地区から東エルサレムを物理的に切り離しにかかります。イスラエルは、東エルサレムに、何千人も住める巨大な入植地を多数建設しました。そして、入植地と入植地の間のパレスチナ人の村に対して圧力を強め、人々を村から追い出し、土地を奪い取っています。本の冒頭で紹介したイーサ君が暮らすナビ・サミュエル村などはその典型です。イスラエルはさらに、東エルサレムを含む周辺地域を分離壁で囲いました。壁によって西岸地区から東エルサレムを切り離し、「ユダヤ人の土地」としての既成事実をつくるという戦略です。

　そのため東エルサレムに住むパレスチナ人は、特に過酷な扱いを受けています。イスラエルは彼らに対して、「エルサレムから出て行くか、イスラエル国籍を取って残るか、どちらか選択しなさい」と迫っています。イスラエル国籍がなければ、家を建てたり改修する許可が下りません。そして一度家を出たパレスチナ人は、二度と故郷に戻ることができなくなります。そこで人々は、家が古くなっても改修工事はできず、こっそり自分で雨漏りの修繕などをしながら暮らしています。イスラエル国籍を取れば追放されずにすむけれど、エルサレムの占領を認めたことになるため、ほとんどの人は国籍を申請しません。

　東エルサレムのパレスチナ人口を減らし、ユダヤ人口を増やす、いわゆる「ユダヤ化」を推し進めるイスラエル政府は、入植地建設や土地の買収などを積極的に進めています。また、同様な方法で入植者を後押しし、エルサレム旧市街の中のユダヤ人口も増やしています。このようにエルサレムでは、国際法的には違法な占領状態を維持しながら、実質的にはイスラエルが着々と既成事実をつくっているのです。

　２０１５年９月以降、このエルサレムを中心にパレスチナ人の少年がナイフでイスラエル兵を襲い、逆に射殺されるといった事件が相次ぎました。長く続く占領や東エルサレムの切り離しが進む閉塞状況が、このような若者の暴発を生んでいます。

「エルサレムでパレスチナ人とイスラエル人が衝突している」とだけ聞けば、「聖地をめぐる宗教紛争」であるかのように誤解されるかもしれません。しかしここで見てきたように、宗教が原因で争っているわけではなく、背景にイスラエルによる東エルサレムの独占という政治的な動きがあります。

2016年1月、国連の潘基文事務総長（当時）は、紛争の本質である占領に触れてこう語っています。「歴史上、人々が抑圧に抵抗してきたように、占領に反発するのは自然なことです。それがしばしば憎しみと過激思想を生み出しています。セキュリティ対策だけでは暴力を止めさせることはできません。パレスチナ人の若者たちを駆り立てる深い疎外感や絶望に向き合う必要があります」。

9

米国、国際社会、そして日本は何をしているのか？

米国のケリー元国務長官を取り囲むユダヤ系ロビー団体・エイパックの幹部
（2014年3月、ワシントン）

なぜ米国はイスラエルを支持するのか？

パレスチナ問題に最も影響力を持っている国は、米国です。イスラエルは、米国の政治的サポートや資金援助がなければ、国家として成り立たないほどの支援を受けています。イスラエルは建国直後の財政難の時代とは異なり、現在では一人当たりの名目ＧＤＰで日本を追い抜くなど、先進国並み[*1]の経済規模を達成しています。しかしそうなった今も、米国から莫大な資金援助がされています。

米国はまず公的資金として毎年約30億ドル（日本円にして約３３００億円）を超える軍事援助を続けてきました。さらに２０１６年には10年間で総額３８０億ドル（約4兆円）の軍事支援を行うことに合意しています（対象期間は２０１９年～２０２８年）。これに加えて、食料補助金などといった名目でのお金も流れています。

公的資金以外にも、民間の富裕層からの寄付や企業による経済協力もイスラエル経済に大きく貢献しています。米国には、イスラエルへの寄付は税金がかからないという特別な法律まであるため、よりこの動きが加速しているのです。

政治的には、米国は国連安全保障理事会で議論されたイスラエルの行為を批判する数多く

＊1　一人当たり名目GDPとは、国のGDP（国内総生産）を人口で割った数値。イスラエルは37,222ドル（1ドル123円として約458万円）で、世界では第26位。日本は36,221ドル（2014年）。パレスチナは2,801ドルとイスラエルの10分の1以下（いずれも2014年IMF推定値）。この値は、必ずしも生活水準のレベルと一致しているというわけではない。

の決議に拒否権を発動してきました。米国が偏った姿勢を続けることによって、国際法違反である「占領」を続けているイスラエルに対して、国際社会は圧力を加えることができないでいます。

なぜ米国は、イスラエルをこれほど特別扱いをするのでしょうか？　理由のひとつには、強力なユダヤ・ロビー[*2]の存在があります。ロビー団体とは、自らの政治的主張を実現させるため、政治家に圧力をかけるグループのことです。銃規制に反対する「全米ライフル協会」など、米国ではあらゆる分野でロビー団体が活発に活動しています。

しかし通常のロビー団体は、米国内の問題をテーマにしています。ユダヤ・ロビーは外交政策に口出ししているという点で、かなり特殊な存在となっていま

米国オバマ前大統領とイスラエルのネタニヤフ首相。オバマが入植地建設の凍結を依頼してもネタニヤフが拒絶するなど、両者の不仲は明白だが、国家としては米国のイスラエル支援は続いた（写真は2013年3月のテルアビブでの会談）

す。米国の政治家や議会は、イスラエル建国当初からイスラエル支持一色だったわけではありません。しかしこうしたロビー団体の影響力は年々強まり、現在ではイスラエルの政策を批判する政治家はほとんどいなくなってしまいました。

強力なユダヤ・ロビー

米国議会のイスラエル政策に最も大きな影響力を与えているユダヤ・ロビーが、エイパック（AIPAC／米国・イスラエル公共問題委員会）という団体です。エイパックの会合にはたびたびアメリカ大統領も出席しています。イスラエルのネタニヤフ政権のとる強硬策には批判的だったオバマ前大統領でさえも、会合ではイスラエル支持を表明してきました。

エイパックが議会に影響を与える理由のひとつに、政治家に対するアメとムチの戦略が挙げられます。立候補するすべての議員の対イスラエル政策をチェックした上で、イスラエルに友好的な議員には資金援助を行い、また優秀な人材や情報を提供します。これがアメです。一方、友好的でないとされた議員には「議席追い落としキャンペーン」を行います。議員の選挙区に莫大な資金を投じてネガティブな情報を流すだけでなく、イスラエルに好意的な

*2　筆者は一般的に使われる「ユダヤ・ロビー」と表現するが、モントリオール大学（カナダ）のヤコブ・ラブキン教授は、「ユダヤ・ロビー」や「ユダヤ国家」という言葉について、決してイスラエルの建国者たちがユダヤ人やユダヤ教徒を代表しているわけではない、という本質を考慮して「シオニスト・ロビー」や「シオニスト国家」と言い換えた方が適切と語る。

議員を出馬させます。いわゆる刺客候補です。イスラエルを支持しなければ選挙で落とす、というムチです。

こうした戦略は1950年代から続けられ、そのすべてが成功したわけではありませんが、影響力は年々拡大していきました。その結果、現在ではほとんどの連邦議員がイスラエルの政策に賛成するようになっています。内心では、イスラエルのやり方が問題だと思っていたとしても、ロビー団体から攻撃されるのを恐れて、口に出せなくなってしまうのです。イスラエル支持に回れば多くのメリットがある一方で、イスラエルに批判的だったり、パレスチナ人の人権問題を訴えたりすればデメリットしかないのだから、議員にとって選択肢は限られてしまいます。

例えば民主党上院議員だったアーネスト・ホリングスは、2005年に引退する際にこう語っています。「エイパックが求めるもの以外に、アメリカのイスラエル政策は存在しない」。つまりイスラエル政策は議員の意思で決めているわけではない、と言っているのです。彼は政治家を引退したことでこのような発言ができたのですが、現役議員には恐ろしくてとても言えません。

また政治家だけでなく、メディアに登場する識者やコメンテー

＊　エイパック（AIPAC／米国・イスラエル公共問題委員会）は、1953年に設立された団体で、「イスラエルの安全を保障することが米国の国益になる」ことを掲げて活動している。会員数は公称約10万人、年間予算6000万ドル（約66億円）。米国には他にもイスラエルを支持するユダヤ・ロビー団体が複数存在する。

ターも、このような団体から「反ユダヤ主義者」というレッテルを貼られることを恐れて、イスラエルの政策を批判的に取り上げることはほとんどありません。

イスラエルを批判するユダヤ・ロビーの登場

米国にいるユダヤ人の数は、およそ600万人と言われています。3億人を超える米国人口の約2%にすぎません。また、その600万人のユダヤ系市民の全員が、イスラエルの政策を支持しているわけでもありません。その少数派が、なぜこれだけの影響力を発揮できるのでしょうか?

確かにユダヤ・ロビーの組織力や戦略はすごいのですが、それ以上に、大多数の米国人が対外政策に無関心という理由が大きいようです。ほとんどの市民は、身近な国内の経済、医療、教育などを優先して考えます。政府が国外でやっていることにそれほど関心を払いません。そんなとき、一部の人たちが猛烈にイスラエル支援を訴えることで、そちらにひっぱられてしまうという現象が起きています。

しかし、「イスラエル政府が何をやっても無条件で支持するのが、本当にイスラエルや米国の利益になるのか?」という疑問が、当のユダヤ系市民の間からも上がっています。

2008年に設立された「Jストリート」という新しいユダヤ系ロビー団体もそのひとつです。Jストリートは、2008年末や2014年に行われたガザ地区への攻撃について、「この攻撃は、イスラエルの安全につながらない」と批判しました。そしてたとえイスラエルの現政権が反対したとしても米国が積極的に仲裁をして、中東和平を実現するべきだと提言しています。

誕生してまだ数年のJストリートの組織力はまだ小さく、予算規模も影響力もエイパックには遠く及びません。また、イスラエルのタカ派議員やエイパックなど従来のユダヤ・ロビーからは、その姿勢を強く非難されています。

しかし、2010年には300万ドルだった予算は2015年には800万ドルを超え、支持者も増えています。そして何より、これまではタブー視されていたイスラエルの占領政策を批判するユダヤ・ロビーが登場したことには大きな価値があり、今後の成長ぶりに注目が集まっています。

トランプ大統領の誕生でどうなるのか？

2017年1月、米国でトランプ政権が誕生しました。トランプ大統領の中東やイスラ

ドナルド・トランプ米国大統領（Photo by Gage Skidmore）

ムに関する見識は極めて浅く、選挙の最中からイスラム教徒が「テロリスト」であるかのようなレッテルを貼り、イスラム世界との融和を唱えたオバマ前大統領の批判を続けてきました。大統領に就任すると早々に、中東やアフリカなどイスラム教徒が多数派の7カ国からの入国を一時的に禁じる大統領令を発令し、米国だけでなく世界的に騒乱を引き起こしました。

パレスチナ問題についても、「違法な入植地も認める」といった発言に見られるように、イスラエル寄りの立場を鮮明にしています。背景には、大統領の娘婿でユダヤ系のジャレッド・クシュナー大統領上級顧問の存在もあると言われています。

新大統領の発言の中で最も懸念されるのは、テルアビブにある米国大使館を、エルサレムに移転させるというものです。同じエルサレムでも、イスラエル領内の西エルサレムなのか、占領地の東エルサレムなのかで意味合いは異なってきますが、いずれにせよ世界からは、イスラエルによるエルサレムの併合を米国が認めたととらえられます。それはパレスチナ人をはじめ世界中のイスラム教徒を挑発する行為で、米国やイスラエルとの亀裂をますます深めることになるでしょう。新しい米国大統領の政策が、パレスチナにどんな影響をもたらすのか、目が離せません。

ＥＵと国連で孤立化するイスラエル

ＥＵ（ヨーロッパ連合）と国連は、米国やロシアとともに「中東カルテット」という枠組みで、イスラエルとパレスチナの対話を促す役割を果たそうとしています。この枠組みは、イスラエルのネタニヤフ政権が強硬な態度をとっていることなどから、うまくいっていません。しかし、和平に積極的に関わろうという姿勢は見てとれます。

歴史的には、ヨーロッパと国連には「イギリスの3枚舌外交」や「パレスチナ分割決議案」の採択など、パレスチナ問題の原因をつくった責任があります。またヨーロッパでは、ユダヤ人迫害を行ってきた後ろめたさから、イスラエルの政策を正面から批判することは難しい雰囲気がありました。

ホロコーストを起こしたナチスの責任を負っているドイツはもちろん、ＥＵ諸国でイスラエルの政策を批判した人物には、イスラエル支持者から「反ユダヤ主義者」というレッテルを貼られてしまいます。そうなると、何を言っても「あいつは差別主義者だ」という色眼鏡で見られ、発言しにくくなってしまうのです。

しかし、最近はイスラエルのあまりに攻撃的な姿勢を受けて、イスラエル批判がタブーではなくなりつつあります。ＥＵではイスラエルへの経済制裁も議論されるなど、「反ユダヤ主義とイスラエルの政策への批判は別物だ」という認識が一般的になってきています。

ＥＵ議会は２０１４年、イスラエル政府が激しく反対するパレスチナ国家設立を、「原則的に支持する」決議を採択しました。また、占領地にあるイスラエルの機関や団体への援助を停止することが決められています。もちろんＥＵ加盟各国のイスラエルとの距離感には差があるため一枚岩とはいきません。それでも占領や過剰な攻撃を続けるイスラエルに対して、問題点を指摘しようという流れが急速に高まっていることは確かです。

「入植地産製品」のボイコット運動

現在ＥＵで盛んに行われているのが、イスラエルの入植地でつくられた商品への「ボイコット運動[*1]（ＢＤＳ運動）」です。イスラエルは、入植地に税金を優遇して多国籍企業の工場を誘致し、そこで製造された製品に「イスラエル製」というラベルを貼って世界中に輸出しています。

そこで2005年に、パレスチナの人権団体やNGOなど171団体が、「入植地でつくられた商品を買うことは占領に協力することになる」とボイコットを呼びかけました。かつて南アフリカ共和国が黒人を差別するアパルトヘイト政策を進めていた際に、国際的なボイコット運動をきっかけに圧力が高まり、アパルトヘイトの廃止につながりました。BDSは、その歴史に学ぼうという狙いから始まったものです。

このボイコット運動にはEU域内の複数の企業や団体がイスラエル企業との取引や投資を止めたり、武器輸出を停止する動きが広がるなど、賛同者が増え続けています。そして2015年11月には、入植地でつくられた商品に「入植地産（Made in Israeli Settlement）」というラベルを貼ることが、EU議会で決められました。[*2]

こうした動きに危機感を抱くイスラエル政府は、「我々は南アフリカとは違う」「ボイコット運動は反ユダヤ主義である」と反発。[*3] 2011年に反ボイコット法を可決しました。これはボイコット運動を呼びかけたイスラエル国内の個人や団体が損害賠償の対象となり、NGOは免税処

*1　BDSとは、Boycott Divestment Sanctionの略で、問題のある方針をとっている国や企業の商品を買わないよう呼びかけ、その政策に影響を与える運動。

*2　EU域内では、2015年11月時点でデンマークやベルギーなどで、「入植地産」のラベルが使われている。また、かつてアパルトヘイト政策を実施していた南アフリカ共和国では、2012年8月からすでにこの「入植地産」のラベルを貼っている。

*3　イスラエルのツィピ・ホトヴェリ外務副次官が2015年9月に語った。

置や助成金を外されるという内容です。「ブレーキング・ザ・サイレンス（沈黙を破る）」という元将兵たちの団体（7章参照）に対しても、「ボイコット運動を助長した」という疑いをかけて取り締まりを強化しています。また海外企業に対しても、ボイコット運動に賛同しないよう抗議しています。

しかし、ＥＵはイスラエル最大の貿易相手国なので、経済的なダメージは計り知れません。イスラエル政府は、ボイコット運動によって数十億ドルにのぼる損失を被ったとしています。特に武器輸出によって多大な収益を上げていた防衛産業は、危機的な状況を迎えています。[*4] 10年以上かけて積み重ねてきたボイコット運動は、確実に影響を及ぼし始めています。

＊4　国連貿易開発会議(UNCTAD)の2015年のレポートによると、2014年のイスラエルへの外国からの直接的投資額は、前年比で46％減少した(2013年：105億ユーロ、2014年：57億ユーロ)。その主要因はBDS運動によるものだったと分析している。武器輸出を中心とした防衛産業でも収益は年々大幅に落ち込んでいる(2012年：75億ドル、2013年：65億ドル、2014年：55億ドル、2015年末推計値：40〜45億ドル)。

パレスチナが国連機関へ正式加盟

国連では近年、パレスチナ自治政府を国際社会の一員と認める決議を次々と採択しています。主要なものだけでも、ユネスコ（国連教育科学文化機関）への正式加盟承認（２０１１）、国連総会で「オブザーバー国家」と認定（２０１２）、国際刑事裁判所（ＩＣＣ）に加盟（２０１５）

などが挙げられます。また、オブザーバー国家として、国連本部前にパレスチナ国旗が掲揚されるようになりました（2015）。

これらすべての決議案に、イスラエルと米国は反対してきました。特に、パレスチナが初の国連機関の正式メンバーとなったユネスコ加盟の際には、米国は猛反対をします。そしてユネスコへの分担金の支払い拒否を決定、現在まで支払いは停止されています。

また2014年7月のガザ攻撃が激しくなる中、国連人権理事会ではイスラエル非難決議を採択、「戦争犯罪の疑いがある」としてガザ地区の調査を行う委員会が結成されました。対してイスラエルは、調査団の受け入れを拒否しました。2015年には、国連人権理事会でスピーチしたイスラエルのネタニヤフ首相が、「ハマスを擁護するこの人権理事会は、テロリスト理事会である」と挑発的な発言をしています（2015年9月）。

2016年に入り、イスラエルがヨルダン川西岸地区で入植地建設のための土地154ヘクタールを新たに接収すると発表しました（1月21日）。すると国連の潘基文事務総長は、「このような挑発行動は緊張を高める。イスラエルが続けている入植活動は、パレスチナ人と国際社会への侮辱」と踏み込んだ発言をして、入植活動をやめるよう強調しています（1月26日）。さらに同年12月には国連安全保障理事会で入植地建設を違法と非難し、建設の停止を求める決議案が採択されました。これまではイスラエルの政策を非難する国連安保理決議では、米国が拒否権を行使して採択されることはありませんでしたが、オバマ政権がついに棄権に転じ、決議の成立を容認したことが世界を驚かせました。その背景には、オバマ大統領が退任する直前だったため、ユダヤ・ロビーなどの影響を受けにくかったことがあげられます。国際的に見れば、この数年でイスラエルの孤立化は明らかになってきています。

日本とパレスチナ問題

日本政府は、この問題にどう向き合ってきたのでしょうか。日本は1970年代から、パレスチナ難民支援のための資金提供や食料援助、インフラ整備などを行ってきました。パレスチナ自治区だけでなく、ヨルダンにある難民キャンプには日本政府が支援して建てられた学校もあります。またさまざまなNGOや宗教団体など、日本の民間組織による支援活動も継続して続けられてきました。そうした継続的な協力は、多くのパレスチナ人から感謝されてきました。[*1]

日本は歴史的には、ヨーロッパとは異なり中東で植民地を持ちませんでした。さらに戦後

＊1　日本政府によるパレスチナ自治政府への資金援助の額は、1993年から2014年の21年間の累積で約16億ドル（日本円で約1800億円）にのぼる。

＊2　ただし、2003年のイラク戦争に米国を支援する部隊として自衛隊を派遣したことで、中東での「平和国家日本」というイメージは損なわれた。

の中東紛争にも直接的には関わっていません。そこで、現地の人々からすると、第二次世界大戦の傷跡から平和国家として復興したイメージとも重ね合わせて、好意的な印象を持たれる場合がほとんどでした。[*2] そのような立場を活かせば、もっと積極的に和平の調停役を果たせる可能性はあったのですが、国としては政治的な役割は何も果たしてきませんでした。

イスラエルによる占領が始まって以降、国連では占領政策をめぐって何度もイスラエルを非難する決議が採決されましたが、日本政府はほとんど棄権してきました。常にイスラエルを支持する米国に気兼ねしてきたのです。棄権という態度は、一見すると「中立」かのように見えますが、いじめられている子どもを黙って見ているのと同じ姿勢です。これまで日本は、お金を出すだけで政治的な現状を変える努力はしてこなかったと言えます。

では、イスラエルの行為に積極的に賛成してきたかというと、さすがにそれもありませんでした。今まで見てきたように、国際法の基準から考えると「占領」や「入植地政策」、「分離壁」など、イスラエルのしていることは違法行為ばかりです。日本の外務省もそのことをよくわかっていたので、イスラエルとの関係ではある程度の距離を保っていました。

ところが、近年になってその距離を縮める外交を始めています。日本とイスラエルは、2014年5月に「包括的パートナーシップの構築に関する共同声明」に署名しました。これは「日本とイスラエルはパートナーだ」と約束し、経済や軍事などさまざまな分野で協力していきましょう、と約束したものです。これによって、今後イスラエルとの関係は劇的に緊密になっていくことが予想されます。

イスラエルのセキュリティ産業の技術は、監視カメラ、生体認証、無人偵察機（ドローン）、サイバーウイルス対策など、どれも世界トップレベルです。その背景には紛争と「テロ対策」に明け暮れ、絶えず現場で実験を重ねてきたという事情があります。

また近年は「中東のシリコンバレー」と呼ばれるほど、ITベンチャー企業の誘致を積極的に行い、主に米国企業からの注目度が高まっています。日本としては、イスラエルと経済協力を進めることで、ハイテク技術を導入したり、両国の企業同士の共同開発を後押しし、経済発展につなげようと考えています。

イスラエル側としては、ボイコット運動の影響などで減少した輸出先を増やせるメリットがあります。このタイミングでの日本政府のこうした動きは、ボイコット運動などが広がる国際的なイスラエル包囲網に逆行するものとなっています。

軍事面でも大きな変化があります。日本製の機器を積んだ武器が、イスラエルで使われる可能性が高まっています。例えば米国の次期主力戦闘機となるF35は、米国主導で国際共同開発が行われ、日本も参加しています。日本製の機器が搭載されるこの戦闘機の完成予定は2019年以降で、すでに日本、韓国、そしてイスラエルが発注をしています。

これまでは、日本製の部品を含んだ兵器を外国に輸出することは、武器輸出三原則などで禁じられていました。特にイスラエルのような紛争地域には厳しく禁止されていたのですが、日本政府は2014年に武器輸出三原則を撤廃し、米国を経由すれば事実上の輸出が可能になりました。[*3] このままでは近い将来、日本製の部品を積んだ戦闘機がパレスチナの子どもたちに爆弾を落とすことになりかねません。

南アフリカでアパルトヘイト政策が行われていたとき、欧米は南アフリカ製品のボイコット運動を広げ、やめさせようとしました。しかし、日本政府は最後まで南アフリカとの取引をやめず、欧米から軽蔑の眼差しを向けられた過去があります。

イスラエルも当時の南アフリカと同様に、国際社会から占領や人権侵害が非難され、かつてないほどに孤立が深まっています。そのイスラエルとあえて今、経済や軍事面で関係を強化することは、かつてと同じように、世界から取り残される可能性があります。「経済的利益」のためにイスラエルと結びつこうとしている日本政府ですが、長い視野で見ると、このような選択は「日本の国益」という面でも、マイナスの結果を生むことになるかもしれません。

＊3 武器輸出三原則は1967年に定められたもので、「共産圏」「国連決議で武器輸出が禁止されている国」「紛争当事国またその恐れがある国」への輸出が禁止された。のちに全面禁止の方針が出されるが、80年代からは米国への技術供与は例外的に認められるようになる。2011年に大幅緩和が決まり、2014年4月にこの三原則に変わる「防衛装備移転三原則」を閣議決定した。これにより「原則禁止」だった武器輸出が、条件を満たせばできるようになった。

解決に向けたポイントは？

パレスチナとイスラエルを取り巻く、国際社会の動きを見てきた章の最後に、パレスチナ問題解決のポイントについて整理してみます。最も大きな争点は、以下の4点です。①占領地からのイスラエル軍の撤退、②パレスチナ国家の樹立、③エルサレム問題（コラム④参照）、④難民問題となります。いずれも大変な問題ですが、この他にも入植地問題や国境線をどうするか（土地の問題）、水資源の管理など複雑な問題も多数残されています。

まず①「イスラエル軍の撤退」と②「パレスチナ国家樹立」について米国や国際社会が提案してきた解決案としては、現在のパレスチナ自治区からイスラエル軍が撤退し、そこをパレスチナ国家として、イスラエルとパレスチナという二つの国が共存する「二国家解決案」があります。その上で、③両者が首都だと宣言しているエルサレムについては、どちらにも属さない国際管理地域にするというものです。もともと1947年に採択された国連の分割決議案でも、エルサレムは国際管理地域としていました。

しかしたとえそうやって独立したとしても、ガザと西岸とに分断されたパレスチナ国家が経済的に自立していけるのかについては疑問視されています。そこで国境線を取り払い、ひとつの「イスラエル・パレスチナ」という一国家として再出発する道を探るべきだという意見も、少数ながら存在しています。もちろんその場合、国内のパレスチナ人を差別しないということが前提条件になります。

いずれにしても現在のイスラエル政府は、パレスチナが対等な国家になることや、エルサレムを独占できなくなることに強く反発しています。また、西岸地区にある多数の入植地を撤去する気は、今のところまったくありません。最大の問題である④の難民問題については、イスラエルはこれまでの交渉では議論することさえ拒否してきました。

これらの問題が解決しない根本的な理由としては、力関係でイスラエルが圧倒的に優位に立っていて、対等な話し合いにならないからです。現状は「ガザの軍事封鎖を解除して欲しい」とか「せめて和平交渉の間だけでも、入植地の建設工事をやめて欲しい」という要望すら聞き入れられていません。

イスラエルの姿勢を変えるとしたら、イスラエル人のヤール弁護士が言うように、国際社会が圧力をかけていくしかないでしょう。そして国際法のルールを基準に、イスラエルとパレスチナの紛争の公正な解決とは何かを議論する場を、粘り強く呼びかけていく必要があります。歴史をたどればわかるように、パレスチナ問題は国際社会が生み出した問題です。だからこそ、解決には国際社会がしっかりと関わり、国際法に基づいて奪われたパレスチナ人の権利をどう考えるかについて判断していく必要があります。もちろん国際社会の中には、日本に暮らす私たち一人ひとりがどのように行動するのか、ということも含まれています。

10

わたしたちにできること

日本のNGOなどがガザ空爆反対の共同行動でつくったキャンドルによる人文字
（2014年7月21日、明治公園にて）

大切なことは「イスラエルか、パレスチナか」ではない

ここまでパレスチナ・イスラエルをめぐる歴史と現状を紹介してきました。ここで起きていることは、確かに複雑です。しかし「難民」や「占領」というキーワードで読み解けば、「人が人を支配する」という極めてシンプルな構造の上に成り立っている問題だとわかります。

メディアを通じて「アラブ人とユダヤ人との争い」あるいは、「イスラム教とユダヤ教の争い」、という情報に接してきた方の中には、「筆者の言っていることはパレスチナ寄りに偏っているのではないか」と感じる人がいるかもしれません。

この本ではあまり取り上げることができませんでしたが、もちろんパレスチナの側にも改めなければならない事柄はたくさんあります。ファタハとハマスによるパレスチナ人同士の争いや、政権批判者への暴力や拘留といった人権侵害、ずさんな経理や汚職、旧態依然とした権威主義などは追及されるべきです。また、戦略的には効果がないどころか、一般市民を巻き込み、イスラエルの攻撃の格好の口実にもなっているハマスのロケット弾攻撃などの暴力や犯罪行為も、批判されなければなりません。

しかし、その前提にはイスラエルがガザの軍事封鎖を解除することに加え、すべての入植

地の撤去を含むヨルダン川西岸地域からの完全撤退が欠かせません。今のような軍事占領下では、誰がパレスチナのリーダーになったとしても、まともな政治が実現される可能性は極めて低いでしょう。問題の本質は、「イスラエルか、パレスチナか」という二項対立の図式ではありません。そのステレオタイプの発想から離れて、国際法のルールを基準にすれば、何が問われているかがはっきりしてきます。

「世界人権宣言」*という規約があります。これは、「すべての人間が生まれながらに基本的人権を持っている」ことを認めたもので、1948年の国連総会で「あらゆる人と国が達成しなければならない共通の基準」として採択されました。平たく言えば、「各国にはさまざまな違いはあるけれど、これだけは人類共通の最低限のルールとして守って行こう」という約束と言えます。

皮肉にも、イスラエルが建国されパレスチナ人が難民になった年にできたこの宣言は、思想や表現の自由、移動の自由や拷問の禁止、理由もなく逮捕されてはいけないこと、教育を受ける権利など、人間らしい生活をする権利などが謳われています。しかし多くのパレスチナ人は、ここに謳われている権利のほとんどを奪われています。

＊　世界人権宣言は、人権および自由を尊重し確保するために、「すべての人民とすべての国とが達成すべき共通の基準」を宣言して、1948年12月10日の第3回国連総会において採択された。

黙って見ているだけでいいのか？

182ページに掲載したリストは、イスラエル政府の政策や行動の一部を、紛争時の国際法の基準となるジュネーブ条約[*1]に照らし合わせたものです。他にも国際人権法の基準は複数ありますが、ジューネーブ条約ひとつとってみても、イスラエルが占領地で行っているほぼすべての政策が人権侵害であり、国際法違反であることがわかります。しかもそれが何十年にもわたって続いているという特殊な状況です。イスラエルは、パレスチナが主権国家でないことを理由に、「主権国家同士の戦争を前提にしたジュネーブ条約の適用は認められない」という主張をしていますが、国際法の専門家の見解ではそのような態度は認められません。[*2]

誤解を恐れずに言えば、イスラエルという国家がパレスチナ人に対して行ってきたことは、「ホロコースト」や「アパルトヘイト」と同じように、人類の歴史に残る巨大な犯罪行為です。このそれを「イスラエル対パレスチナの紛争」ととらえると事態を見誤ることになります。この

*1　ジュネーブ条約　1864年にスイスのジュネーブで結ばれたことに始まる、戦時における救護者や捕虜の保護を目的とした国際人道法に基づく条約。占領下の民間人（文民）の保護が加えられた現在の条約は、1949年に結ばれた四つの条約と、1977年に追加された二つの追加議定書からなっている。この条約には、イスラエルを含む194カ国が締約している。（2011年8月現在）。

*2　イスラエル政府は、ジュネーブ条約は国家間の戦争、紛争を前提にした条約であるとして、主権国家ではないパレスチナ占領地への適用を否定している。しかし、国際司法裁判所は2004年に「分離壁は国際法上違法である」という勧告をジュネーブ条約も当てはめた上で提出するなど、イスラエル占領地での人権侵害にジュネーブ条約は適用されると判断している。

問題は、たった今ホロコーストのようなことが起きているとしたら、現代のアンネ・フランクが声も出せずに恐怖に震えているのだとしたら、あなたはそれを黙って見過ごすのか、という問題なのです。

ナチスドイツが行ったホロコーストの真相が明らかになったとき、世界の人々は「こんなにひどいことが起きているなんて知らなかった」と考えました。けれども現在パレスチナで起きていることは、知る努力さえすれば誰でもわかることです。

そして多くのパレスチナ人は、「世界中の人が自分たちの状況を知っている」、と理解しています。それでも彼らの置かれた状況は悪化するばかりで、「世界は何もしてくれない」という失望を深めています。560万人の難民、そして450万人以上の占領下の人々を、国際社会は何十年間も放置し、傍観してきました。人々を絶望や恐怖にさらしておいたままでいいのか？　いま私たちにそれが問われているのです。

一人ひとりにできること

ではパレスチナ問題を改善するために、私たちにできることはあるでしょうか？　パレスチナ問題は100年以上にわたって国際的につくり上げられてきた、あまりに巨大な問題で

イスラエル軍が占領地で行っている国際法違反の一例

■占領

占領はほぼすべての人権条約に侵害。特に戦時における民間人の保護を定めた「ジュネーブ諸条約第一追加議定書51条（1977年）」にある「住民に対する攻撃の禁止」に違反。

■占領地での民間人への扱い（逮捕、尋問、チェックポイントなど）

敵対行為に直接参加しない者への人道的な扱いを定めた「ジュネーブ第四条約3条」にある「(a) 身体に対する暴行、あらゆる種類の殺人、傷害、虐待、拷問の禁止」、「(c) 個人の尊厳に対する侵害」、及び「第四条約32条」にある「肉体的罰の禁止」に違反。

■水資源の略奪、外出禁止令、家屋破壊などの集団懲罰

「ジュネーブ第四条約33条」にある「集団懲罰や脅迫の禁止」に違反。

■パレスチナ人の追放（またエルサレム居住許可の取消し、海外渡航者の帰還拒否についても同様）

「ジュネーブ第四条約49条」にある「個人的、集団的な強制移送や追放の禁止」に違反。

■占領地の封鎖、失業者への対応

「ジュネーブ第四条約39条」にある「戦争によって出た占領地の失業者への就業機会の創出」及び「紛争当事国（占領者）の政策により、占領地の住民が生活を維持できなくなった場合、生活を保障する」に違反。

■入植地の建設

「ジュネーブ第四条約49条6項」にある「占領地域への自国の民間人の移送の禁止」に違反。

■家屋や財産の破壊

「ジュネーブ第四条約53条」にある「占領軍による不動産または動産の破壊禁止」に違反。

■イスラエル政府、軍、裁判所が人権侵害行為を見逃している事

「ジュネーブ第一条約49条」にある「重大な違反行為の防止と責任者の処罰」に違反。

※ジュネーブ諸条約が掲げる「重大な違反行為」とは、殺人、拷問、非人道的待遇、身体に対して重い苦痛を与え、重大な傷害を加えること、財産の破壊、徴発（所有物を奪う）を行うことなどを言う。

す。個人が何かやったところで問題の解決につながるようなことはできないかもしれません。しかしだからといって、何もできないわけではありません。

自分にも何かできることがあればやってみたい。そう思った方にまずチャレンジして欲しいことがあります。それは、「知ること」、「伝えること」、「行動すること」です。

「知ること」は、皆さんがこの本を手にしてくれたように、興味を持ち、知る努力をすることです。しかしそれを自分の知識や教養にしただけでは社会は変わりません。身近な人たちに向けて「伝える」ことが大切です。そして具体的に「行動する」ことにつなげていきます。行動というとちょっと敷居が高いようですが、小さなことで構いません。募金や署名、イベントへの参加といったことから始めてみましょう。すぐには効果が出なくても、たった一人の相手にでなら、思いを届けることはできるはずです。

もっと効果的な行動は、NGOなどを通して支援に関わることです。日本ではパレスチナ問題に携わるさまざまなNGOが支援を続けてきました。長年活動してきたこのような団体と協力すれば、個人で行動するよりも支援の輪を広げることができます。ここではその一例として、「パレスチナ子どものキャンペーン」のガザでの活動について紹介します。

ガザの子どもたちを支える日本のＮＧＯ

「パレスチナ子どものキャンペーン」は、１９８６年の設立以来30年にわたって、パレスチナや中東地域の子どもたちを支えてきたＮＧＯ団体です。特にレバノンにあるパレスチナ難民キャンプや、ガザ地区での教育や福祉に関わる継続的な活動は、国内外から高い評価を受けています。ガザでは、子どもたちに居場所を提供する「ナワール児童館」（6章参照）や、聴覚障がいを持つ子どもたちが通う「アトファルナろう学校」を開校し、支援を続けてきました。また、ガザ空爆の後にはさまざまな緊急支援も実施しています。

「パレスチナ子どものキャンペーン」でガザ地区を担当するスタッフ、川越東弥（はるみ）さんと手島正之さんの2人は、拠点にしているエルサレムから、ほぼ毎週ガザに通って支援を続けています（２０１６年5月時点）。２人は施設の運営状況を確認し、直接訪問したり、現地スタッフから困っていることを聞き取って、効果的な支援につなげています。

彼らがろう学校などを調査してわかったことのひとつは、ガザ空爆により聴覚障がいの子どもが、健常者の子ども以上に深刻な状況に追い込まれていた実態です。川越さんは言います。「聴覚障がいの子どもの中には、爆音は聞こえませんが、爆弾が炸裂する空気圧を感じた子もいました。でも何が起きているかわからないから、大変な恐怖でした。避難先でも意思の疎通をできる人が少なく、障がいを持った子どもたちは孤立しがちになってしまいました」。

分析はこれからですが、空爆によって新たに耳の神経を損傷した疑いのある子どもも出てきています。「パレスチナ子どものキャンペーン」では、そのような子どもたちを含めて、聴覚障がい児を早期発見・支援する事業を始めました。

日本のNGO「パレスチナ子どものキャンペーン」の川越東弥さん（左）と手島正之さん

「ガザでは親は我が子に障がいがあることを隠したいという意識から、黙っているケースもあります。でも、早めにわかれば効果的な治療や、学びの機会が得られるので、これは大切なことなのです」と川越さんは言います。

手島正之さんは、現地の医療団体と協力して医療支援事業を行っています。「ガザには戦争で大ケガをして、障がいを負った子どもだけで1万人以上います。でもお金がなく、診察を受けることもできない子どもが大勢いるのです。そこで私たちは戸別に家庭訪問を行い、医療にアクセスできない子どもたちを無料で診察しています。心配していた親たちも、『これで安心だ』と喜んでくれています」。

子どもたちと向き合ってきた「パレスチナ子どものキャンペーン」は、２０１６年で設立から30年を迎えました。そのサポートを受けて育った子どもたちはすでに大人となり、今度は小さな子どもたちを支える立場になっています。劇的に状況を変えることはできなくても、こうした地道な取り組みが、パレスチナの次の世代をつくり上げています。

パレスチナの問題と関わる方法

こうしたＮＧＯを通して、パレスチナと関わる手段は数多くあります。メールマガジンで情報を入手する、講演会やイベントに参加する、オリーブオイルや刺繍製品などのフェアトレードグッズを購入する、ガザの子どもたちを支援する、レバノンのパレスチナ難民の里親（資金的なもの）になる、パレスチナの若者と一緒に旅をする、スタディツアーに参加してパレスチナに行く……などなど、関わり方にはすぐにできるものからディープなものまで、さまざまです。ボランティアをしたり、会員になって団体を支えるという方法もあります。

詳しくは、１８９ページにあるＮＧＯリストを見ながら、興味のある団体のホームページを開いてみてください。

ヨルダン川西岸地区の町・ヘブロン近郊にあるイドナ村の女性たち。縫製を学び、パレスチナの伝統刺繍製品を販売することで、村の女性たちに自立をもたらしている。こうした刺繍製品は、パレスチナ子どものキャンペーンをはじめ複数のNGOで販売している

封鎖により厳しい状況が続くガザに、毎週のように通って支援を続けているパレスチナ子どものキャンペーンの手島さんは、「なぜ支援を続けるのか」というぼくの問いに、こう答えました。「支援をすることで、助かる人がいることは確かです。でも封鎖がなくならなければ、根本的な状況は変わらない。自分の中でも常にこれでいいのか、という葛藤があります。それでも、ガザでつながっている人たちがSNSで日々の暮らしの喜びや悲しみを伝えてくれます。『支援者と支援される側』という関係ではなくて、もう『友だち』なんですね。彼らの人生の喜びに多少な

りとも貢献できるのであれば、ぼくは続けていきたいと思っているんです」。

「パレスチナ人」や「イスラエル人」ではなく、ひとりの人間としての関係があるからこそ、つながっていける。それがどんな問題と関わる際にも大切なことかもしれません。こんな本を書いているぼくだって、最初からパレスチナ問題にのめり込んでいたわけではありません。たまたま出会った人や本がきっかけとなって、どんどん興味が広がり、現地に友だちができて、自分でも行動を起こしたいと思うようになりました。皆さんも本書を通じて「イーサ」や「ラミ」といった個性豊かな人たちと出会いました。これがきっかけとなって、パレスチナのことを少しでも身近に感じてもらえるならば、とても嬉しく思います。

日本でパレスチナ問題について支援を行っているNGOのリスト
（筆者が関わっている団体を中心に紹介／順不同）

団体名	パレスチナ問題に関する主な活動
パレスチナ子どものキャンペーン	1986年よりパレスチナやレバノンにおいて教育・保健・福祉など多岐にわたる支援を継続している。ガザ地区への軍事侵攻やシリア危機に対する緊急支援活動も実施。認定NPO。
パレスチナ子どもの里親運動	パレスチナ難民の子どもの支援者（里親）になり、毎月支援金を送ってその成長を見守る。子どもと手紙やカードのやり取りもして、心の支えにもなっている。
日本国際ボランティアセンター（JVC）	ガザと東エルサレムで人々の健康を守る活動を実施。「世界から中心をなくそう」をモットーに現地の人々が主役になる活動にこだわり、彼らの声を国際社会へ届けている。
ピースボート	地球一周の船旅にパレスチナとイスラエルから若者を招待し、船上で交流をコーディネートする。クルーズによっては、パレスチナ難民キャンプなどを訪れるスタディツアーも実施している。
アムネスティ日本	パレスチナの人権状況を改善するため、日本政府に働きかけを行う。
ヒューマンライツ・ナウ	国際人権NGO。パレスチナの人権侵害に関し声明等を公表し、国際社会へ働きかけを行う。
パレスチナ・オリーブ	毎年生産者を訪問し人々の暮らしなどを伝えながら、オリーブオイル等を輸入して全国に販売。
アーユス仏教国際協力ネットワーク	パレスチナでのNGO活動を資金面や運営面で協力し、国内での研修や勉強会にも力を入れている。

あとがき――それでもパレスチナ問題が遠いあなたへ

この本を読んで、パレスチナ問題に興味がわいてきたでしょうか。とはいえやっぱり、「自分にとってパレスチナ問題は遠い」と感じる人が多いのも事実でしょう。日本との距離は遠いし、イスラム教やユダヤ教は身近ではありません。また、パレスチナやイスラエルの人と出会う機会はとても限られています。「大切なことだから関心を持って」と言われても、そう簡単に「自分事」にできるわけではありません。

そんなときぼくはいつも、パレスチナ・ビジョンを設立したラミ・ナセル・エディン（8章参照）が初めて来日したときに語った言葉を紹介しています。ぼくとラミが出会ったのは、今から15年ほど前の2001年です。出会った場所は、国際交流の船旅を企画するNGO「ピースボート」の船上でした。紛争地に生きる若者のひとりとして地球一周の船旅に招かれたラミは、その船でイスラエル人女性のケレン・アサフと出会います。

ケレンはユダヤ系イスラエル人で、良心的兵役拒否をしている平和活動家でした。ラミはそれまで「敵」としか考えていなかったイスラエル人の中にも、話し合える人間がいたことに驚きます。ラミとケレンは口論を重ねながらも、船内で友情を築いていきました。

そして帰国後、自分たちが出会ったことでお互いが価値観を変えていったように、双方の若者たちが交流する場をつくりたいと、あるプロジェクトを立ち上げます。第二次インティファーダが最も激しかった頃に、対話を通して自分たちが抱える問題を変えていこうとしたのです。そのプロジェクトは現在、「ブレイキング・バリアズ（壁を壊す）」という名称で、イスラエルとパレスチナから多くの若者たちが参加する活動に発展しています。2017年2月現在、このプログラムに参加した現地の若者は1000人を超えています。

ぼくはラミとケレンの旅や、2人とともに訪れた第二次インティファーダ最中のパレスチナの状況について『イスラエル・パレスチナ 平和への架け橋』という本にまとめました。そして本の収益でラミとケレンを日本に招き、全国でトークライブを開催しました（2002年）。

特にラミにとっては初めての日本訪問となりました。最初の訪問地は沖縄です。ラミが抱いていた日本のイメージは、東京の新宿や渋谷など、ビルが建ち並び、キラキラしたお店に若い人たちが集う繁華街でした。ところが、初めて訪れた沖縄を車でめぐり1時間もしないうちに、彼はこう言ったのです。「なんだ、日本にもパレスチナがあるじゃないか…」と。

彼は、島の使いやすいエリアを米軍基地が占有している様子を見たり、米兵が犯罪を犯しても何ら罪に問われないシステムを聞いて、自分たちの置かれた境遇と重ね合わせました。生まれたときから占領下で暮らしてきたラミのような人にとって、沖縄の現実は他人事ではありません。だから「日本にもパレスチナがある」と表現したのです。

ぼくはその言葉を聞いて驚きました。沖縄の米軍基地問題については、自分なりには知っていたつもりでしたが、「日本のパレスチナ」という認識はありませんでした。もちろん日々の状況はパレスチナと沖縄とでは違います。でも住民の意思を無視して、軍隊や占領者の都合がすべてに優先する社会が続いてきた、という構造は同じものです。「南国リゾート」「癒やしの島」としか考えてこなかった日本本土の人にとっては、「沖縄は日本のパレスチナ」と言われてもピンと来ない、というのが正直なところではないでしょうか？

「パレスチナ問題は遠いか？」という問いへの答えは、ここにあります。パレスチナ問題に無関心でいられる人は、実は沖縄の問題にも、原発事故後の福島で起きている問題にも、あるいは自分の町で起きている問題にも、自分自身が直接巻き込まれるまでは他人事であり、無関心になれるのではないかということです。イスラエル市民の多くが、すぐ近くで起きているはずの人権侵害に気づかないのも同じことです。彼らの多くは、本気でイスラエル社会に差別などないと信じ込んでいます。

知らないことは罪ではありませんが、知ろうとしないことや、見て見ぬふりをすることには問題がある。ぼくはラミの言葉を聞いてから、自戒を込めてそう考えるようになりました。

２０１１年3月に東日本大震災が発生したとき、世界の誰よりもいち早く安否を気遣うメッセージをぼくにくれたのは、なんとガザにいる友人でした。自分たちが大変な思いをしているからこそ、人の痛みがわかるのかもしれません。ぼくは人として一番大切なものは「他人の痛みを想像し、共感できる力」だと思っています。そう思うようになった理由は、パレスチナやイスラエルの友人たちからいつも、当事者に寄り添い、ともに考える姿勢の大切さを教えてもらってきたからだという気がしています。

ぼくがパレスチナ問題にこだわる理由は、こんなにも温かい心を持つ友人たちを、絶対に孤立させてはいけないという思いです。率直に言えば、現在のパレスチナにはあまり希望がありません。もし自分が彼らのような環境に置かれたら、とっくに世の中に絶望しているかもしれません。実際、エルサレムでイスラエル兵を襲うパレスチナの若者たちが増加している背景には、間違いなくそういった絶望感や孤立感があります。
でもぼくの友人たちは、どんなにつらいことがあっても諦めません。そして日々、自分たちのできることに挑んでいます。日本にいるぼくたちが簡単に諦めるわけにはいかないと思うのです。

現在もパレスチナでは、いつ第三次インティファーダが起きてもおかしくない状態にあります。しかし一方で、これまでの暴力的な抵抗運動がさまざまな傷跡を残してきた反省から、一部のパレスチナ人たちが非暴力の抵抗運動を仕掛けてきました。ひとつひとつの動きは地味なものなので日本ではほとんど報道されていませんが、世界遺産登録によって分離壁建設を止めたり、ボイコット運動がＥＵで大きな成果をあげつつあるなど、ここ数年で新しい展開も広がってきています。
「やればできる」という安易な希望を語るのではなく、「どうせ解決しないよ」と冷ややかに批評するのでもなく、ひとつひとつできることを積み重ねていくことこそが、未来を切り開いていくはずです。この本を読んでくれたあなたが、たとえ小さくても具体的な一歩を踏み出してくれたら、嬉しく思います。

最後に、本書を出版するにあたって多くの方にご協力いただきました。お名前を挙げて、感謝の意を捧げます。ラミ・ナセル・エディンさん、ミナス・ラジャビーさん、オサマ・アブ・アラフェさん、サメル・アル・シャリフさん、アーメド・ダラグメさんをはじめとするパレスチナ・ビジョンの皆さん、ムーサ・アル・シャエルさん、田中好子さん、川越東弥さん、手島正之さん、中村哲也さんをはじめとするパレスチナ子どものキャンペーンの皆さん、小林深吾さんをはじめとするピースボートの皆さん、山田しらべさん、奈良本英佑さん、鎌田慧さん、高瀬毅さん、川上園子さん、白井幸子さん、片岡和志さん、清田明宏さん、松原忍さん、そして取材に協力いただいたすべての皆さん、どうもありがとうございました。ぼくにとってこのテーマの師匠とも言える国際政治学者の高橋和夫さんには、さまざまな面でご協力いただきました。また、国際情勢についての書籍が注目を浴びない中、本書を世に送り出す決断をしていただいた現代書館の菊地泰博社長と編集を担当してくださった藤井久子さんには特に感謝しております。パートナーの由美子はパレスチナ取材への同行に加え、校正やデータ調査なども手伝ってもらいました。きみが背中を押してくれなければ、本書は誕生していません。どうもありがとう。

パレスチナとイスラエルで、平和を求めるすべての人たちに捧げる

パレスチナ問題関連年表

19世紀末	シオニズムが誕生、ユダヤ人のパレスチナへの移住が開始される
１９１４〜１９１８年	イギリスの３枚舌外交、第一次世界大戦でオスマン帝国が崩壊
１９３３年	ドイツでナチスが政権を握る。ドイツを中心に各地でユダヤ人の迫害・追放が激化
１９３９〜１９４５年	第二次世界大戦、ナチスドイツの支配地域でユダヤ人らが大量虐殺される
１９４７年	国連でパレスチナ分割決議案が採択
１９４８年	イスラエル建国、第一次中東戦争、パレスチナ難民の発生
１９５６年	第二次中東戦争（スエズ戦争）
１９６７年	第三次中東戦争、イスラエルがヨルダン川西岸とガザの占領を開始
１９７３年	第四次中東戦争
１９７８年	キャンプデービッド合意（エジプトとイスラエルが単独和平）
１９８２年	レバノン戦争（イスラエル軍がレバノンに侵攻、パレスチナ難民キャンプで虐殺行為）
１９８７年	第一次インティファーダ
１９９１年	湾岸戦争（イラク対米国中心の多国籍軍）
１９９３年	オスロ合意（パレスチナとイスラエルがパレスチナ暫定自治協定調印）

1995年	イスラエルのラビン首相が暗殺される
2000年	第二次インティファーダ
2001年	米国で9・11テロ事件、アフガニスタンで戦争が始まる
2002年	イスラエル軍がパレスチナ自治区に軍事侵攻、分離壁の建設開始
2003年	イラク戦争が始まる。日本の自衛隊がイラクに派遣
2004年	アラファト大統領が死亡
2006年	パレスチナ議会選挙でハマスが勝利
2007年	パレスチナ自治政府がファタハとハマスに分裂、イスラエルがガザの軍事封鎖を開始
2008〜09年	イスラエルがガザを大規模攻撃、米国でオバマ政権の誕生
2012年	パレスチナ自治政府が国連のオブザーバー国家になる
2014年	イスラエルがガザを大規模攻撃、パレスチナ・バティール村が世界遺産に登録
2016年	国連安保理でイスラエルの入植地建設を非難する決議が採決、米国は拒否権を行使せず
2018年	トランプ政権がイスラエルの米国大使館をエルサレムに移転
2021年	東エルサレムで住民追放激化、ハマスのロケット攻撃、イスラエルがガザを大規模空爆
2022年	イスラエルで極右政権が発足、入植者による暴力がエスカレート
2023年	ハマスがイスラエル南部を襲撃、イスラエル軍がガザを大規模空爆
	イスラエルがガザ北部の住民110万人に避難命令、地上戦を準備

パレスチナ問題を知るための本＆映画のリスト

◎本

『イスラエル・パレスチナ平和への架け橋』高橋真樹著／高橋和夫監修（高文研）
『アメリカはなぜイスラエルを偏愛するのか』佐藤唯行著（新潮社文庫）
『イスラエルとは何か』ヤコブ・ラブキン著（平凡社新書）
『世界史の中のパレスチナ問題』臼杵陽著（講談社現代新書）
『天井のない監獄 ガザの声を聴け！』清田明宏著（集英社新書）
『なぜガザは戦場になるのか』高橋和夫著／高橋真樹構成（ワニブックスプラス新書）
『ガザとは何か』岡真理著（大和書房）
『イスラエル軍元兵士が語る非戦論』ダニー・ネフセタイ著／永尾俊彦構成（集英社新書）
『パレスチナ／イスラエルのいまを知るための24章』鈴木啓之、児玉恵美編著（明石書店）

◎映画

『沈黙を破る』土井敏邦監督
『自由と壁とヒップホップ』ジャッキー・リーム・サッローム監督
『ガーダ　パレスチナの詩』古居みずえ監督
『ぼくたちは見た —ガザ・サムニ家の子どもたち—』古居みずえ監督
『壊された5つのカメラ　パレスチナ・ビリンの叫び』イマード・ブルナート、ガイ・ダビディ製作
『オマールの壁』ハニ・アブ・アサド監督
『歌声にのった少年』ハニ・アブ・アサド監督
『ガザ — 素顔の日常』ガリー・キーン、アンドリュー・マコーネル監督

■ 著者紹介

高橋真樹（たかはし・まさき）

ノンフィクションライター、放送大学非常勤講師。朝日新聞デジタル・コメンテーター。平和協同ジャーナリスト基金奨励賞受賞。放送大学では、「パレスチナ難民問題」の授業を担当。世界 70 カ国以上をめぐりながら、持続可能な社会を目指して、取材、執筆活動を行う。パレスチナには、1997 年に初めてガザを訪れて以来たびたび訪問。本書で紹介した NGO などを通じて、難民支援活動にも携わってきた。

著書にイスラエルとパレスチナの若者たちの出会いを描いた『イスラエル・パレスチナ 平和への架け橋』（高文研）をはじめ、『ご当地電力はじめました！』（岩波ジュニア新書）、『日本の SDGs －それってほんとにサステナブル？』（大月書店）、『「断熱」が日本を救うー 健康、経済、省エネの切り札』（集英社新書）他多数。

ぼくの村《むら》は壁《かべ》で囲《かこ》まれた

── パレスチナに生きる子どもたち

2017 年 4 月 20 日　第 1 版第 1 刷発行
2024 年 6 月 25 日　第 1 版第 4 刷発行

著　者　高橋真樹
発行者　菊地泰博
発行所　株式会社 現代書館
102-0072 東京都千代田区飯田橋 3-2-5
電話 03（3221）1321
FAX 03（3262）5906
振替 00120-3-83725
http://www.gendaishokan.co.jp/

印　刷　平河工業社（本文）　東光印刷所（カバー）
製　本　越後堂製本

本文デザイン・組版・装幀　奥冨佳津枝
地図製作　曽根田栄夫
校正協力　高梨恵一

ISBN978-4-7684-5802-0